장수찬

제주에서 출생하고 창원에서 자랐으며, 마산 경상고등
학교와 한국외국어대학교 정치외교학과를 졸업했다.
웹툰 〈역사툰 사람이야기〉를 연재하면서 《장수찬의 역
사툰》을 출간했다. 전주대학교의 초청을 받아 〈古典 내
것으로 만들기〉를 주제로 학생들에게 강연을 열었다.
옥당에서 사서를 편수하던 수찬 修撰 처럼 청반 淸班 의
이름을 얻길 꿈꾸고 있다.

보물탐뎡 ⑤

보물탐뎡

1판 1쇄 인쇄 2019. 6. 14.
1판 1쇄 발행 2019. 6. 24.

지은이 장수찬

발행인 고세규
편집 고정용 | 디자인 박주희
발행처 김영사
등록 1979년 5월 17일 (제406-2003-036호)
주소 경기도 파주시 문발로 197(문발동) 우편번호 10881
전화 마케팅부 031)955-3100, 편집부 031)955-3200, 팩스 031)955-3111

값은 뒤표지에 있습니다.
ISBN 978-89-349-9627-9 03910

홈페이지 www.gimmyoung.com   블로그 blog.naver.com/gybook
페이스북 facebook.com/gybooks   이메일 bestbook@gimmyoung.com

좋은 독자가 좋은 책을 만듭니다.
김영사는 독자 여러분의 의견에 항상 귀 기울이고 있습니다.

이 도서의 국립중앙도서관 출판예정도서목록(CIP)은 서지정보유통지원시스템 홈페이지
(http://seoji.nl.go.kr)와 국가자료공동목록시스템(http://www.nl.go.kr/kolisnet)에서
이용하실 수 있습니다.(CIP제어번호 : CIP2019021799)

어느 고서수집가의 비밀노트

보물탐덩

寶 物 探 偵

장수찬

김영사

어릴 적, 영화 〈인디애나 존스〉에 심취해, 막연하게나마 고고학자를 동경하던 때가 있었습니다.

'해리슨 포드처럼 탐험가의 모자를 쓰고, 정글과 사막을 해치며, 고대유물을 찾아다니는 트레저 헌터가 되어보자! 캐리비안 해적들이 숨겨놓은 에스파냐의 중세보물들을 찾아내어 인류에게 돌려주리라!'

포부는 참 대단했지만, 저의 꿈은 현실의 벽(?)에 막혀 실현되지 못했습니다. 그 대신 옛 문서나 책을 수집하는 것으로 아쉬움을 달랠 수밖에 없었습니다. 탐험가의 모자를 쓰고 정글이나 사막을 누비지는 못했으나, 방구석 노트북 앞에서 저만의 탐험을 떠나는 것으로도 즐거웠습니다.《보물탐덩: 어느 고서 수집가의 비밀노트》는 그 즐거움의 리포트입니다.

우리의 오래된 문서와 책들, 바로 '고서古書'는 우리나라, 우리 민족이 가진 보물 가운데 특히 자랑할 만한 것들입니다. '기록 덕후'라고 부를 수 있을 정도로 기록을 중요하게 생각했던 우리 선조들은, 신분이나 지위, 나이나 성별에 상관없이 많은 기록들을 글과 책으로 남겼습니다.

이런 고서들이 개화기와 일제강점기를 거치며 해외로 반출되거나, 전란으로 인해 소실된 것은 안타까운 일입니다. 하지만 그보다 우리 스스로가 이런 고서들의 가치를 알아보고 보호하게 된 것이 그리 오랜 일이 아닙니다. 불과 십수 년 전만 해도, 폐지상이나 고물상에게 헐값으로 넘어간 우리 문화재들이 적지 않습니다.

　보물의 가치는 어디에서 오는 것일까요? 보물 자체에 그만한 가치가 있는 것일까요? 그렇지 않습니다. 그 물건을 알아보고, 소중히 여기는 사람들이 있어야 보물이 가치를 갖는 것입니다. 특히 고서에는, 우리가 미처 알지 못했던 선조들의 생생한 삶의 이야기가 오롯이 담겨 있습니다. 그런 이야기들을 알게 되면 비로소 보물의 가치가 생겨나게 됩니다. 이런 보물들에 숨겨진 이야기를 찾아가는 것이 바로, 이른바 '보물탐정'의 여정입니다.

　이 책에는 저의 수집기록과 추적기법, 그리고 옛사람들의 숨겨진 이야기를 가득 담았습니다. 단돈 5천 원에 얻은 고문서가 150만 원에 평가된 일화, 삼촌이 친조카를 노예로 부리다 머슴으로 팔아먹은 이야기, 친일부역자의 부채를 얻은 이야기, 어머니는 같지만 아버지가 달랐던 함경도와 탐라 노비들의 사연처럼, 저만 알고 있기에는 너무나도 아까운 선조들의 일상과 역사의 에피소드를 비밀노트에 담아보았습니다.

　인디아나 존스와 함께 성배를 찾는 모험은 아니지만, 고문헌에 담긴 비밀의 여정을 저와 함께 떠나보지 않을런지요?

　그럼 이제 보물탐정의 노트를 펼쳐 보십시오.

장수찬

1 | 허름한 옛 시집의
드라마 같은 반전

    우리나라만큼 서적 문화가 발달한 나라는 드뭅니다. 유교 문화를 공유하는 한·중·일 삼국 가운데 한국의 서적은 종이의 질이나 제본 방식, 판본의 크기 면에서 가장 우수합니다. 이 점은 충분히 자랑스럽습니다. 하지만 불편한 감정도 숨길 수가 없으니, 우리 선조들은 책에 너무나도 큰 권위를 부여했다는 점입니다. 그래서 책은 재밌게 읽거나 보는 예능적인 대상이 아니라, 받들어 모셔야 한다는 권위적인 대상으로 여겨졌습니다.

    일반 대중을 타깃으로 한 상업적 출판 시장도 제대로 발달하지 못했습니다. 권위가 부여된 서책을 '감히' 사고파는 것을 꺼려 했기 때문이죠. 물론 그 권위만큼 값도 비쌉니다. 그래서 주위 사람들에게 책을 빌려 베껴 쓰는 것이 성행했다고 합니다. 필사筆寫를 통해 통속 소설이나 여러 서적을 만들어 유통시킨 셈입니다. 민간 서점이 이 나라에 출현한 때는 겨우 18세기 후반쯤이라고 하니, 그 시점이 세 나라 가운데서도 가장 늦었던 듯합니다.

    이웃 나라 중국이나 일본에서는 서적에 그림과 글을 같이 수록해서 재미있는 요소를 풍부하게 했지만, 우리나라에는 그런 예가 거의 없습니다. 그림으로 설명하면 쉽게 알 수 있는 내용들도 하나하나 글을 통해, 세세히 묘사하여 설명했으니 눈으로 '보는' 재미보다, '읽는' 재미를 택한 것이라고 보는 게 맞을 듯합니다.

이름 없는 젊은 선비의 시집을 손에 넣다

5년 전, 어느 이름 없는 선비의 시집을 하나 구매했습니다. 역시나 그림은 없고, 파리 대가리만 한 글자들이 행간을 가득 채우고 있는 전형적인 조선 시집입니다. 가격은 단돈 4만 원.

낙찰을 받고, 집으로 배달된 책을 꼼꼼히 살펴봅니다. 표지에는 《시고편년詩稿編年》이라고 적혀 있습니다. 말 그대로, 연도순으로 자작시와 동료 선후배들의 시를 묶어 만든 편년체編年體 시집입니다. 그저 평범하고 평범합니다.

책 크기는 손안에 들어갈 정도로 자그마한 수진본袖珍本* 형식입니다. 소매에 넣고 다니면서 심심할 때 들여다보고자 만든 것이 분명합니다. 크기만 놓고 보면 오히려 4만 원이라는 가격이 비싸 보일 정도입니다. 겉에 묻은 먼지를 탈탈 털어내고, 본문을 찬찬히 읽어봅니다. 첫 장을 열어보니 임자년壬子年 정월正月이라는 간지와 함께 '추포사회秋圃社會'라는 글자가 보입니다. 그 아래 '희경羲卿'이라는 자字를 쓰는 홍정유洪鼎裕라는 이름이 눈에 들어옵니다. 과연 홍정유란 사람은 누구였길래, 시집에 이름 석 자를 올린 걸까요?

임자년은 1852년철종 3년일 것입니다. 사회社會는 조선시대에 마

•
소매에 넣을 정도로 간편하게 만든 형식

먼지가 잔뜩 묻은《시고 편년》
단돈 4만 원에 구입한 낡은 시집이다. 필자 촬영본

을의 모임을 의미한 것이지만, 추포秋圃라는 단어는 구체적으로 무엇을 의미하는지 알기 어려워 보입니다. 우선 홍정유라는 인물에 대해 알아보기로 합시다. 힌트를 드리자면 조선 말기 유裕자 돌림을 쓰는 유명 가문은 남양 홍씨입니다. 인터넷에 그의 이름을 검색해보니 다행히 쉽게 찾을 수 있군요.

홍정유洪鼎裕

철종哲宗 3년 임자壬子 식년시式年試 진사 3등 44위

자 희경羲卿

생년 기축己丑 1829년 순조 29

본인 본관 남양南陽

거주지 한성漢城

역대인물정보시스템 (한국학중앙연구원)

서울에 살던 홍정유는 1852년 진사시험에 합격한 인물이었습니다. 공교롭게도 추포사회가 열린 그해였군요. 추포사회는 1월에 열렸고, 진사시험은 2월에 치러졌으니 홍정유는 당시 실존했던 인물임엔 분명해 보입니다. 어느 순간 흐리멍덩하던 제 눈은 갈수록 커지면서 놀라움을 감출 수 없었습니다.

시집에 수록된 인물들의 항렬行列들이 권세가의 족보에서나 볼 수 있는 것들이었기 때문이지요. 승承자 돌림의 한산 이씨, 근根자와 병炳자 돌림의 장동안동 김씨, 응應자 돌림의 안동 권씨 등 조선 말 서울에 대를 이어 살아온 경화사족! 이 세 집안은 결혼으로 얽혀 있던 서울의 벌문閥門들이었습니다. 보물을 발견한 듯, 마음속에서 환호성이 터져 나왔습니다.

'야호! 이것은 희귀한 시집이다!'

누가 알았을까요? 이 낡은 시집이 잘나가는 명문 사대부 자제들의 공동 시집이었다는 것을! 가회동과 안국동에 고래등 같은 기와집을 짓고 살며 조선 팔도를 호령한 북촌 경화세족들. 바로, 그들의 시집이었던 겁니다. 이젠 눈을 비비고 시문을 읽어볼 차례입니다.

'그대 때문에 문미를 열고, 인근 마을을 방문하니因君解楣訪西隣' 로 시작되는 칠언율시가 맨 처음 보입니다.

그다음 눈에 띄는 시구詩句가 '글을 지으며 노니는 사람은 모두 좋은 이웃들從遊翰墨摠芳隣'로 운을 띄우면서 성대한 이 모임을 기념하는 내용입니다.

시의 제목은 '왕고차전운사사원갱진王考次前韻使諸社員賡進: 왕고께서 앞선 운을 차운하여, 모든 참석자로 하여금 이어 짓고 바치도록 했다'라고 언급했는데, 여기서 주의 깊게 들여다보아야 할 것이 두 가지 있습니다. 하나는 '왕고'라는 표현이고, 또 하나는 '갱진시'입니다. 왕고王考는 돌아가신 할아버지를 의미하고 갱진시는 운韻에 화답하여 여러 사람이 같은 주제로 각자의 시를 짓는 행위를 의미합니다.

그러니까, 맨 앞의 시詩 '인군해미방서린因君解楣訪西隣…'이라는 율시는 시집의 편찬자가 그 뒤에 실은 '종유한묵총방린'이란 시의 원운을 가지고 지은 갱진시이며, 이 시집은 당시 원본이 아니라, 저자의 할아버지가 돌아가신 이후에 차례로 편집한 필사 시집임을 유추할 수 있습니다. 저자의 할아버지가 손자뻘 되는 회원들과 격의 없이 어울리던 것은 그 시대에 흔히 있었던 일입니다. 이런 모임에 학식 높은 어른을 모시고서 고평考評*을 맡기는 것이 당시 의례였다고 합니다. 맨 앞 서문에 저자는 다음과 같이 동참의 연유를 설명합니다.

> 인근에 사는 여러 가문의 친구 열두 명이 시사詩社를 공동으로 결성하였다. 나 역시 집안 형님과 함께 비로소 여기에 참여하게 되었다.

무너져 가던 조선 말, 음풍농월했던 서울 귀족들

서문을 통해 비로소 '사회社會'의 의미를 알 수 있었으니, 그것은 다름 아닌 시회詩會였습니다. 한마디로, 마을 동우洞友들의 '시 짓기 모임'이었던 것입니다. 지금껏 중인 부류들이나 시 모임을 결성했다는 이야기만 들었는데요, 중인中人들은 서울 남산이나 서촌윗대에서 정기적으로 만나 시구를 다듬으며 자신의 신세를 한탄하기도 하고, 한편으로는 세상 시름을 잊고자 술을 마시고 음악을 들으면서 풍류를 즐기기도 했습니다.

하지만 시집의 저자들처럼 북촌의 아사雅士: 고아한 선비들이 시단을 결성해 정기적으로 글재주를 뽐냈다는 사실은 들은 바가 없었습니다. 과연 북촌 사대부 자제들도 중인처럼 세상을 한탄했을

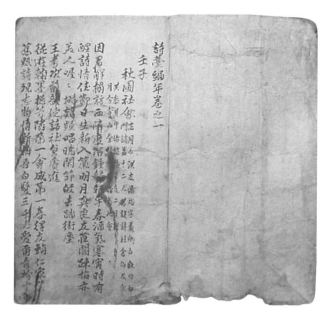

《시고편년》맨 앞장
저자의 서문이 실려 있다.
이 시집에선 서울 선비들이 시 짓기 모임을 결성하고
날짜를 정해 꾸준히 만났다는 것을 알 수 있다. 필자 촬영본까요? 우울한 감정을 시에 띄워 보내며 훌훌 털어버렸을까요? 아마도 이 나라의 사대부들은 결코 그럴 일이 없을 겁니다. 그들은 당당한 조선의 지배계층이었으니, 중인들처럼 신세한탄할 일이 무엇이 있겠습니까?

말꼬리를 이어가는 호기심은 머릿속을 맴돌며 주위를 떠나지 않습니다. 책을 찬찬히 살펴보니, 역시나 북촌의 젊은 선비 열두 명은 서울 곳곳을 돌아다니며 음풍농월^{吟風弄月}*하던 것이 책 속에서 확인됩니다.

●
바람과 달을 두고 시를 지으며 흥취있게 노는 것을 말한다.

그들은 서울 서대문구 독립문역 근처에 있는 천연정^{天然亭}, 지금은 사라졌지만, 경화세족이자 고종 때 영의정을 지낸 이경재의 별장이 있던 금계정^{錦溪亭}, 인조반정의 공신 김류와 이귀가 칼을 갈았다던 서울 종로구의 세검정^{洗劍亭} 등 이름 있는 정자에 올라 경치를 감상하고 시를 지으며 유유자적합니다. 때로는 자신의 집에서 시회를 열고 동무들을 초대해 시구를 다듬기도 합니다. 늘어진 버드나무처럼 그네들의 삶은 여유 그 자체입니다.

이쯤 되니 열두 명의 청금^{靑襟, 공부하는 선비}들이 호기롭게 풍류를 즐기던 1850년대가 세계사적으로는 어떤 시기인지 궁금해졌습니다. 과연 지구 반대편 다른 나라들도 이들처럼 태평한 시절이었을까요? 찾아보니, 꼭 그렇지가 않습니다. 당시 청나라는 태평천국의 난^{1853년}으로 어지러웠습니다. 제국의 통치자 함풍제^{咸豊帝}는 반군에게 속절없이 밀리며 난징^{南京}을 점령당했습니다. 미국은 노예제 폐지 문제로 남·북부가 한창 신경전을 벌이고 있었으며, 유럽에선 크림전쟁^{1854년}이 발발해 서구 열강들이 극렬하게

혜산 유숙의 〈수계도권修禊圖卷〉
유숙은 이름 높던 도화서 화원이었다.
〈수계도〉는 서울의 중인들이 남산에 모여 왕희지의 난정고사蘭亭故事를 모방해
시를 짓는 광경을 그렸다. 개인 소장본

대립하고 있었습니다. 한마디로 혼돈과 격변의 시기입니다.

그런데 말입니다. 조선의 엘리트들은 이런 정세에 아랑곳없이 이름 높은 정자에서 술을 마시며 세월을 낚고 있었으니, 자그마한 시집에서 당대 지식인의 시대감각 없는 면모가 밝혀진 셈입니다. 1876년 강화도 조약 이후, 닥쳐올 조선왕조의 풍운風雲을 생각해 보면 이들의 행태에 가슴이 텁텁하지만 어찌하겠습니까? 이것이 역사의 흐름인 것을.

작은 시집의 가치를 들여다보다.

우울한 심사를 털어버리고, 이 시집의 가치를 한번 알아봅시다. 우선 《시고편년》의 크기가 작은 것이 매우 유감입니다. 사이즈가 작으면 그만큼 값도 박하기 마련입니다. 보통의 사이즈만 되었어도 좋았을 텐데, 아쉽습니다. 필사년도 또한 마음에 들지 않습니다. 철종·고종19C때는 시대적으로 너무 늦기 때문입니다. 영조·정조18C의 이른 시기였다면 더 좋았을 텐데, 역시 아쉬운 점만 보이네요. 하지만, 서울 사대부들의 공동 시집은 그리 흔한 편은 아니라 값어치는 충분히 할 수 있다는 생각이 듭니다. 게다가 유일본 아닙니까? 고서는 임진왜란을 기준으로, 그 이전과 이후에 발간된 서적의 가치 차이는 엄청납니다. 알다시피, 임진왜란으로 인해 역대로 내려오던 고서들이 거의 사라졌습니다. 춘추관에 보관되었던 《고려실록》을 비롯해 《승정원일기》도 사라졌습니다. 《조선왕조실록》도 사라질 뻔했으나, 전주 사고史庫에 보관된 실록만 극적으로 살아남았습니다. 왜란이 끝나고 유생들이 공부할 사서삼경과 같은 교과서조차 부족했다고 하니, 서적의 멸실은 말 그대로 처참한 지경입니다.

《시고편년》는 1852년 이후에 제작된 필사본입니다. 시대나 연도로 보면 귀한 서적은 아닙니다. 이 시대에 필사되거나 발행된 서적은 그야말로 흔하고 흔합니다. 하지만 서울 귀족들의 시집이라는 부분에선 큰 가점이 됩니다. 서울 귀족들의 문집은 일본인들이 싹 쓸어 가거나 전쟁으로 소실되었기 때문에 희소한 가치를 지닙니다. 쉽게 얻기 힘든, 좋은 책을 얻었다는 생각에 기분

홍정유의 이름

김윤식의 저서《운양집》2권 북산집에 '홍추포 정유'라는 기록이 보인다. 을사늑약 당시, 김윤식은 불가불가不可不可를 주장하여 애매한 입장을 보였던 인물이다. 옥산자 서실 구장본

二十三日會松亭贈別白槃

無復淸秋載酒過連宵剪燭意如何半生結識靑萍老百里送人紅樹多古

儉殘編相鶴訣深山落日騎牛歌蒼霞渺渺離愁遠欲往從之一葦河

晦日會松亭賦餞秋一首

雲微雨流光濱臨水登山別意存佳句吟成何處寄黃花愁絶欲無言

疎林槭槭葉踈根素節將還酒滿盆搖落偏爲恨人感炎涼倏似世情飜澆

十月十一日駒兒委禽于懷德宋氏之門余率以往丞禮之翌日夜

與宋松石綺老宜寧宰洪秋圃鼎裕沃川宰安澹泊榮植懷德宰宋峽

醒鐘五監役及其弟草庭鎭裵春雲鎭學共賦

萍鄕邂逅眼偏明擁鼻微吟見洛生知舊盃樽三夜洽弟兄花樹一家盈虛

堂想像緗帷關客路欣逢皂蓋傾車臺篇中深戀德賓鴻朝日羽儀成先同生春

讀書處區曰同春堂尤翁筆也

이 흡족합니다. 몇 달이 지나고, 우연히 운양 김윤식의 문집을 읽다가 뜻밖에도 이전에 잊고 있었던 의문 하나가 풀렸습니다.《시고편년》앞장에 나온 '추포'의 의미를 알게 된 것이죠. 추포는 다름 아니라, 홍정유의 자호自號였습니다. 김윤식*이 홍정유를 홍추포洪秋圃라고 불렀다는 사실이 그의 문집에 기록되어 있어서 깜짝 놀랐습니다.

임자년에 결성된 서울 사대부 청년들의 첫 시회가 열린 곳이 홍정유의 집이었으며 이를 기념해 '추포사회'라고 적어 놓았던 것이었습니다. 뜻하지 않는 곳에서 의문이 해소되다니, 세상일은 역시 알 수가 없어서 신기하고 재미있기만 합니다.

•
호는 운양, 자는 순경. 경화세족 일족인 청풍 김씨 후예로 구한말 개화파 정치인이었다. 글솜씨도 훌륭해서 조선의 마지막 대문장가로 이름이 높았다.

🔖 화제의 고문서

6천 2백만 원에 팔린《진작의궤進爵儀軌》는 과연 어떤 책일까? 서울의 한 경매장에서 고가에 매도된 고서가 나왔다. 1828년 효명세자가 어머니인 순원왕후 김씨의 탄신일을 축하하며 제작한《순조 무자 진작의궤》가 그것이다. 의궤란 왕실의 행사나 잔치의 내용을 일목요연하게 정리한 기록물이다. 금속활자인 정리자整理字로 인쇄된 2권짜리 도서엔 효명세자가 직접 기획했다고 알려진 '춘앵전'의 내용 및 공연 과정이 실려 있어 사료적 가치가 매우 크다.

2   어느
5천 원짜리
성적표

2년 전으로 기억합니다. 어느 경매 사이트를 구경하다가 낯선 고문서 하나가 올라온 것을 보았습니다. 가격은 단돈 5천 원. 불쏘시개로 쓰여도 할 말이 없는 허름한 종이 뭉치 한 장으로 보였습니다. 그래도 한자 공부나 할 겸 내용을 차근차근 들여다보기로 합니다. 그런데 읽어갈수록 머리카락이 쭈뼛쭈뼛 솟아납니다.

'아니! 이건 조선시대 서울에서 공부하던 학생들의 성적표가 아닌가. 추로지향鄒魯之鄕**으로 일컬어지던 영남 지역의 유생들 성적표는 비교적 많이 남아 있지만 서울 사대문 안에 있던 성균관이나 사학 유생들의 성적표는 보기 힘들다. 근데 이것을 여기서 발견하다니!'

묘한 감정이 맴돌았지만 문서의 진위부터 확인하는 것이 중요합니다. 보통 말도 안 되는 낮은 가격에 이런 중요한 고문서가 올라오면 대부분 진품인 경우가 많습니다. 출품자가 물건의 가치를 모르기 때문입니다. 그래도 정밀한 검증은 필요한 법입니다. '계

〈전강홀기殿講笏記〉
유명 가문의 자제들이 많이 보인다. 경주 김씨의 김상오, 대구 서씨의 서상칠, 의령 남씨의 남만희, 청송 심씨의 심의한. 모두 경화세족의 후예들이다. **옥산사 서실 구장본 촬영**

사 팔월 십오일 일차 유생 전강홀기'라는 제목이 시면始面에 적혀 있었고 '서강장書講狀'이라는 첨지가 붙어 있습니다. '서강장'이란 것은 서강지관●이 채점한 결과를 기록한 보고서로 보이지만, 관청에서 널리 쓰이던 '서장書狀'류와 같은 계달 문서인지는 판단이 서지 않았습니다.

우선, 계사년에 과연 전강殿講 시험●●이 치러졌는지가 중요합니다. 이 시기에 전강시험이 없었다면 이 문서는 가짜가 분명하기 때문이지요. 계사년癸巳年이란 간지干支는 60년 만에 한 번씩 돌아오니, 과연 어느 년대, 어느 임금 시절인지 알기 어렵지만, 전강시험에 기재된 유생들의 성명을 보면 대충 감이 옵니다. 서울에 유생들은 경화세족의 자제들이 많았으므로 그들의 항렬을 유추해보면 쉽게 문서의 작성연대를 가늠할 수 있습니다.

●
시험관 중 하나. 임금이 친히 시험 보는 친림시강(親臨試講) 시의 고생관(告柱官)과 급책관(給冊官) · 서강지관(書講紙官)은 검서관 중에서 뽑는다는 규정이 보인다.

●●
조선시대 유생들을 모아 임금이 친히 경을 내려 행하던 시험 아니나 다를까, 대구 서씨 중에 '상相'자 항렬이 보이고, 양주 조씨 가운데서 '병秉'자 항렬과 경주 김씨 중엔 '상商'자 항렬이 보입니다. 이 항렬의 사람들은 대개 조선 말에 활동했습니다. 그러므로 순조 33년인 1833년의 계사년이나 고종 30년인 1893년 계사년에 만들어진 것이 분명합니다. 그렇다면 이제 추적은 쉬워집니다. 《조선왕조실록》에서 '일차 유생'으로 검색하여 해당 연도에 시험이 있었는지 확인하기만 하면 되니까요.

> 경무대景武臺에 나아가 왕세자가 시좌侍座한 가운데서 일차 유생日次儒生의 전강殿講을 행하였다.
>
> 《고종실록》 30권, 고종 30년 8월 15일 갑자 2번째 기사

앗! 1893년 8월 15일 경무대에서 왕세자나중의 순종가 모습을 보이는 가운데, 일차 유생 전강시험이 치러졌다는 사실이 실록에 엄연히 실려 있습니다. 8월 15일이라는 날짜가 고문서에 적혀 있는 것과 어긋나지 않습니다. 그렇다면 이 문서는 99% 진품이 확실합니다. 하지만 안심할 수만은 없습니다. 마지막 1%를 확인하기 위해 좀 더 세밀한 검증이 필요합니다. '악마는 디테일에 있다'고 하잖아요?

우선 문서에 기록된 '이일찬'이라는 인물에 주목해보기로 했습니다. 이 사람은 진사시에 합격하여 성균관에 적을 붙이고선 이번 전강시험에 응시한 사람입니다. 〈전강홀기〉에 기재된 그의 전강 성적표를 한번 봅시다.

시詩, 사통, 삼략, 통通

여기서 시詩는 유교 경전인 《시경詩經》을 의미하고 사통四通, 삼략三略은 그의 성적 결과입니다. 이일찬은 사서삼경 중에 《시경》을 선택하여 암송하였으며 시험관이 임의로 뽑은 일곱 군데 찌帋* 가운데 네 구절은 완벽하게 암기하였고, 세 구절은 그럭저럭 암기하여 총점으로 우수하다는 의미의 '통通'이라는 성적을 받았음을 알 수 있습니다. 이번 전강시험에서 우수한 성적을 거둔 이일찬은 성균관에서 매월 시행되는 시험인 월과月課에도 꾸준한 실력을 발휘하여, 회시會試 방목에 붙인다는 기록이 보입니다.

건청궁乾淸宮에 나아가 왕세자가 시좌한 상태에서 월과 유생 입격인入格人 중에서 우등인優等人에 대한 비교比較를 행하였다.
홍문관제학弘文館提學 이승오李承五가 고시考試와 편차編次를 마치니, 하교하기를 "월과 우등인의 비교에 참가한 여러 선비들이 공부를 착실히 하였으므로 모두 가상하다. 이번이 창시한 해인만큼 특별한 조치가 있어야 할 것이니 책策에서 입격한 유학幼學 임홍준任弘準, 진사進士 이일찬李日贊, 유학幼學 이상설李相卨, 생원生員 장석신張錫藎에 대해서는 식년 동당 회시式年東堂會試의 방목榜目 끝에 붙이도록 하라" 하였다.
《고종실록》 30권, 고종 30년 12월 26일 갑술 1번째 기사

이일찬은 다음 해인 1894년 조선의 마지막 식년시에 병과로 급제했습니다. 실록 안에 함께 이름이 보인 독립운동가 부재溥齋

이상설 선생도 이번 대과시험에 합격했습니다. 월과 시험의 우수자로 직부전시直赴殿試**의 특권을 얻어 급제의 영광을 누렸을 것으로 판단됩니다. 정사에 기재된 사료를 교차 검증한 결과, 이 고문서는 진품이 확실합니다.

••
특별 시험에서 우수한
성적을 거두었을 때 초
시 · 회시를 거치지 않
고 전시에 나아가게 하
는 특전

설레는 마음으로 낙찰 가격을 써넣고 마감 일자를 기다립니다. 예상대로(?) 입찰자는 제가 유일했습니다. 낙찰받은 금액은 단돈 5천 원입니다. 고문서의 진정한 가치를 알았으니, 이제 실제 가격을 매길 차례입니다. 문서의 가치는 생산된 연도도 중요하지만 크기와 보관 상태, 그리고 부속물들도 무척 중요합니다.

〈전강홀기〉는 1893년에 만들어진 것이므로 생산연도로 봐서는 그다지 가치가 크지 않습니다. 하지만 이런 유생들의 성적표는 일정 기간이 되면 폐기하는 것이 원칙이었으므로 현존하는 수량은 매우 적은 편입니다. 또, 두루마리 형식으로 비교적 긴 모양새이고 봉투까지 잘 보관되어 있으므로 충분히 고가로 평가할수 있습니다. 만일 여기에 관청의 관인官印이라도 찍혀 있다면 가치가 좀 더 있을 텐데, 아쉽게도 이 문서엔 그런 게 없어서 유감입니다.

얼마 지나지 않아 제가 소장한 이 〈전강홀기〉를 보고 구입 의사를 전해온 기관이 있었습니다. 기관이 제시한 가격은 150만 원이었습니다. 제가 구매한 가격이 5천 원이니, 무려 300배 가까운 가격입니다. 무슨 이유로 고문서 한 장이 이런 귀한 대접을 받은 것일까요? 제 생각은 이렇습니다.

몇 십 년 전만 해도 우리 스스로가 오래된 유물에 무척 소홀했

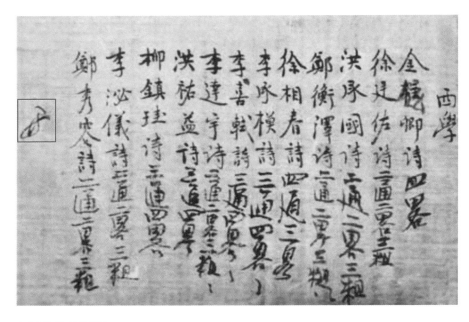

〈전강홀기〉의 끝부분

마지막 응시자 다음에 한자의 어느 부수를 변형하여 휘갈긴 것을 볼 수 있다.
가필㎜筆을 막기 위한 장치였다. 관청 문서에서 흔히 볼 수 있는 형식이다.

옥산자 서실 구장본. 필자 촬영

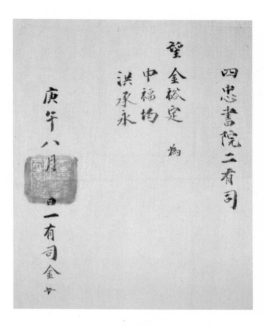

노론 4대신을 추모하여 설립된 사충서원의 유사有司●
망단자望單子●● 주문인朱文印●●●의 인장이 크게 찍혀 있다.
이런 인장이 보이면 고문서의 가치는 상승한다. **필자 구장본 촬영**

●
단체모임에서 사무를
맡아보는 직책

●●
천거하는 후보자 세 사
람의 이름을 적은 단자
를 이르던 말

●●●
붉은 글씨가 찍혀 나오
도록 하는 도장. 글자가
튀어나오도록 양각으로
판다.

습니다. 1970년대 새마을운동으로 오래된 집들이 현대식 가옥으로 개량되면서 벽장 속 낡은 고서와 문서들이 무더기로 바깥세상으로 나왔지만, 일부는 불에 태워지고, 일부는 고서점이나 고물상에 팔려 갔습니다. 당연한 말이겠지만 귀한 고문서들이 이리저리 흩어지고 사라졌겠지요. 후손들의 무관심으로 예전에 흔했던 것들이 희귀해진 것입니다.

그런데 반전이 일어납니다. 1980년대부터 나라가 부강해지고 민주화가 진행되더니, 차츰 사람들이 우리 역사에 눈을 되돌리게 된 것이지요. 이때부터 박물관이 곳곳에 세워지고 구시대 유물은 문화재로 승격되면서 귀한 몸값을 자랑하게 되었습니다. 국가 기관이 법률에 따라 문화재를 수집해야 하는 의무도 생겨났습니다. 〈전강홀기〉는 이러한 시대의 전환과 흐름에 따라 평가가 후해진 것입니다. 이런 일은 우연한 사건이 아닙니다. 사람이든 국가든 경제적인 여유가 생기면 필연적으로 화려했던 과거의 흔적들을 수집하기 마련입니다. 〈전강홀기〉 역시, 이 맥락에서 바라보아야만 그 몸값을 이해할 수 있습니다.

🔖 화제의 고문서 _____

3백만 원의 시작가에 올라와 치열한 경합 끝에 천만 원이란 고가에 낙찰된 〈장용영전령〉은 과연 어떤 문서일까? 크기 270×57cm인 이 고문서는 1796년 2월 20일 장용영壯勇營에서 치러진 활쏘기 시험에 입격한 수원출신 무사들에 대한 상격實格이 기록되어 있다. 정조대왕은 이 문서를 당시 수원화성 공역에 노고가 컸던 이경유李敬儒, 1750~1821에게 하사하였다.

3 흩어지고 갈라진 우리 문화재

서울대《대전회통》도난사건

2016년 10월에 있던 사건입니다. 즐겨 찾는 고미술 경매 사이트에 출품된《대전회통大典會通》한 질5책이 서울대학교에서 도난당한 서적이라는 신문 기사가 올라왔지요. 기사를 통해 책을 유심히 살펴보니, 대한제국 시절 법관양성소의 직인과 함께 서울대학교 법학도서관의 장서인藏書印이 찍혀 있었습니다.

1865년고종 2년 대원군은 국가체제를 정비하기 위해 통일된 법전을 마련했는데, 그것이《대전회통》이고 사실상 조선의 마지막 법전이 되었습니다. '대전大典'이라는 것은 오늘날 헌법과 동일한 뜻으로 해석해도 무리가 없습니다. 사실《대전회통》은 여러 기관에 소장 중이어서 희소가치가 큰 고서는 아닙니다. 하지만, 대한제국 법관양성소의 직인이 찍혀 있는 이 대전회통은 근대 법관을 교육하는 과정에서, 이전 왕조의 법전이 교재로 사용되었다는 사실을 알려주는 중요한 서책이었습니다. 사료적 가치는 상당합니다. 서울대학교 측에서 경매를 중단시키고, 이를 찾아오려고 동분서주한 일이 이해가 되었을 정도입니다.

피의자 측은 서울대학교가 종로에 있을 때 버리고 간 도서라고 주장하는 반면, 서울대 측에서는 도서를 파기한 기록이 없으므로 도난 물품이라고 주장하고 있었습니다. 저의 경험을 토대로 말씀드리면, 이 고서는 서울대가 관악캠퍼스로 옮겨 가는 과정에서 유출된 것으로 추정됩니다. 예전에 필자가 강원에 있는 모 대학교 도서관 장서인이 찍혀 있는 책을 입수한 적이 있었습니다. 그 학교도 서울대와 마찬가지로 캠퍼스를 이전했던 곳이었습니다. 학교 도서관으로 소유 여부에 관해 전화를 걸어보았더니, 제가 그냥 가지고 있어도 별반 문제가 없을 책이라는 회신이 왔었지요. 70~80년대에는 이렇게 대학교 장서들이 민간으로 유출되어 유통되던 일이 다반사였습니다. 하지만 이제는 시대가 달라졌으므로 이러한 국가 재산이 시중에 떠돌아다니는 일이 있어서는 안 된다는 생각이 듭니다.

고려왕조의 장서들은 어디로?

서울대 도서의 도난사건을 언급하다 보니, 잃어버린 고려시대 서책들이 문뜩 머리에 떠오릅니다. 이유원의 《임하필기林下筆記》에는 이와 관련한 흥미로운 일화가 실려 있습니다. 그것은 바로 고려왕실이 소중히 보관해온 서책들의 이야기죠. 고려의 15대 왕인 숙종은 왕실의 도서를 열람하다가 자신의 소장인所藏印을 책에 찍었다고 하는데, 이것이 우리나라 최초의 장서인으로 확인됩니다. 숙종은 '고려국십사엽어장서高麗國十四葉御藏書'라는 개인 장서인을 찍었는데, 태조 왕건으로부터 14번째 내려온 자손이라는 뜻으로 보입니다.

세조 시절 명신이던 양성지梁誠之, 1415~1482는 고려 숙종의 장서인을 언급하며, 고려시대부터 물려 내려오던 서책이 만 권이나 보관되어 있다고 말합니다. 그러면서 조선에서도 고려왕실과 같이 장서인을 찍자고 건의하지요. 조선 초만 하더라도, 고려왕조의 책들이 왕실 도서관에 보관되었던 것이 분명한데, 도대체 이 소중한 것들은 어디로 사라진 것일까요?

다름이 아니라, 바로 임진왜란 때문입니다. 임진왜란 당시 서울을 점령한 왜군들이 쓸 만한 책들은 자기 나라로 가져가고, 쓸모없는 책들은 모두 불태웠던 것으로 짐작합니다. 불태워졌던 책 가운데는 유일본인《고려왕조실록》과《승정원일기》가 있었으니, 역사를 사랑하는 한 사람으로서 너무나 안타까운 일입니다. 몇 년 전 어느 서지학자 분이 일본에 가서서, 고려 숙종의 장서인이 찍혀 있는 책을 발견했다는 기사를 읽었는데, 아마도 양성지가 본 고려 도서가 아닌가 싶습니다. 그렇다고 한다면, 임진왜란 당시 왜군들이 소중한 우리 서책들을 싹쓸이해 간 것이 분명해 보입니다. 우리나라에서 환수할 만한 증거가 뚜렷한데, 아무런 조치나 항의를 하지 않는 것을 보면 상당히 화가 나기도 하고 안타깝기도 합니다.

공민왕의 〈천산대렵도〉

서화 소장가 낭선군 이우의 소장품이었다. 서얼 검서관이던 이덕무는 낭선군의 5대손 낙서 이서구 집에 보관된 〈천산대렵도〉를 열람한 적이 있는데, 그림 속에 사슴 두 마리가 보인다는 이덕무의 증언이 사진과 일치하는 것으로 볼 때, 박물관에 소장된 〈천산대렵도〉는 낭선군 집안에 계속 물려 내려왔던 작품인 듯하다. **국립중앙박물관 소장**

고려 공민왕의 〈천산대렵도〉

앞의 에피소드에 이어, 고려시대 유물을 하나 더 소개해보고 자 합니다. 우리나라에서 가장 오래된 서화 중 하나가 바로, 공민왕恭愍王이 그렸다고 전해지는 〈천산대렵도千山大獵圖〉입니다. 원나라풍의 그림인데, 아쉽게도 일부만 전해집니다. 몇 조각 정도가 남아 있는데, 그 실물 중 하나가 사진에 보이는 국립중앙박물관에 소장본입니다. 이 그림은 조선 후기 왕족이자 명품 수집가였던 낭선군 이우李俁가 가지고 있던 것입니다. 낭선군이 죽고 나서, 그 후손들이 영락해지자 이 그림을 남에게 팔았는지 주었는지 모르지만, 그림이 여러 조각으로 잘려나가면서 본 모습을 잃었고 그 잘려나간 일부가 박물관까지 흘러오게 된 것이지요. 이렇듯이 명품 가운데서는 이리저리 나누어 가지면서 흩어지는 경우가 있었나 봅니다.

박문수 어사 간찰 도난사건

이처럼 합법적으로 흩어진 유물이 있던 반면, 불법적으로 흩어진 유물도 있기 마련입니다. 문화재청 홈페이지엔 도난유물을 알려주는 코너가 있습니다. 유명 가문의 고서나 영정, 그리고 석물 등이 범죄자 손에 의해 사라진 것을 볼 수 있는데, 가끔은 '어떻게 이런 것까지 훔쳐갈 수가 있지?' 하고 혀를 찰 만한 일도 있습니다. 예를 들어, 조상 무덤에 놓인 비석은 물론 동자석까지 가져간다는 것은 정말 인간으로 하기 힘든 범죄입니다. 이를 잃어버린 후손들의 상실감과 자괴감은 아마도 본인 부모님이 돌아가신 심정과 다를 바가 없을 것입니다.

10년 전, 암행어사로 유명한 고령 박씨 박문수 집안에서 박문수 선생의 간찰편지 천여 점이 도난당한 사건이 있습니다. 당시 사건은 언론에도 보도되었는데, 끝내 경찰도 잡지 못하여 도난범의 행적이 오리무중이었지요. 그런데 갑자기 문화재청 도난유물 코너에 2008년 도난당한 박문수 가문의 유물들이 올라온 것이 아닌가요. 이상한 생각이 들었지만, 장물의 도난 시효가 10년이기 때문에 이를 연장하기 위함이 아닐까 하는 짐작뿐이었습니다. 그러다가 어느 국가 기관 홈페이지에 정기적으로 구입하던 문화재 실물 사진 가운데 떡하니, 도난당한 박문수 어사의 간찰들이 올라온 것이 아니겠습니까.

무슨 정의감이 불타올랐는지, 저는 몇 번의 생각 끝에 문화재청에 전화를 걸기로 했습니다. 뜻밖에도 전화를 받은 문화재청 직원은 간찰을 매매하려던 장물범을 잡아 현재 수사 중이며, 나중에 언론을 통해 공개할 것이라는 말을 덧붙였습니다. 아마도 저를 사건을 인지한 신문사 기자로 착각하고 비공개 수사에 협조해 달라는 멘트를 했던 것 같습니다. 약간은 허탈(?)했지만, 장물아비가 잡혔다고 하니 그나마 다행이라고 여길 뿐입니다. 결국 박문수 간찰 사건은 두 달 뒤에 언론에 대대적으로 보도되었고, 그 경위가 공개되었습니다. 사건의 개요는 이렇습니다.

2008년 칠흑 같은 야밤, 한 남자가 천안시에 소재한 고령 박씨 종중 재실로 숨어들었습니다. 그는 재실의 창살과 토벽을 부수고는 간찰만을 훔쳐갔는데, 주인이 없는 틈을 타서 정확하게 간찰을 노린 것으로 보아 박씨 집안을 잘 아는 자의 소행이 분명했습니다.

집안 종손인 P는 유물이 도난된 사실을 알게 되자 관할 파출소에 신고했지만, 범인을 잡지 못했습니다. 범인은 유물을 곧장 같은 장물업자인 K 노인에게 팔았고, K 노인은 이 간찰을 몇 년 동안 자신의 집에 은닉합니다. 시간이 흐른 후 10년의 공소시효가 지났다고 판단하고서, 주변에 알고 지내던 문화재 매매업자 L에게 현금 750만 원을 받고 간찰 1,700여 점을 넘겼던 것이지요. 문화재 매매업자 L은 국가 기관에 이 유물을 매도하려고 의뢰서를 내었는데, 눈이 밝았던 소속 학예사가 단번에 암행어사 박문수 가문의 전래 유물임을 알게 된 것이었습니다.

이를 되찾은 후손의 심정은 어땠을까요. 수백 년 동안 정성을 다해 보관했던 유물을 잃어버려 해당 기관에 신고도 제대로 하지 못했다는 종손의 고백을 듣고 있자니, 죄스러움을 떨쳐버린 그 기분은 이루 말할 수 없었을 것입니다. 박문수 간찰뿐만 아니라, 지금껏 도난된 문화재들이 하루 속히 제자리를 찾아가길 바라 봅니다.

🗃 도난 문화재를 신고하면 보상금이 척척! _____

문화재청에 도난 문화재를 신고한 경우, 포상금을 받을 수 있다. 문화재청은 문화재의 도난, 국외유출 등 불법행위에 대한 신고 활성화를 위해 포상금 제도를 운영하고 있는데, 최고 천 만 원까지 지급한다고 한다.

4 중국에서 농락당한 석농 김광국과 가짜 〈한양가〉 광고지

고서나 고문서 수집을 하다 보면 어쩔 수 없이 가짜와의 싸움과 마주칩니다. 가짜에 속아 넘어간 사례는 고금을 막론하고 여럿 존재합니다. 조선 후기에 있었던 일입니다. 의관醫官, 의사 출신 거부이자 서화 수집가로 이름을 날린 석농 김광국金光國, 1727~1797은 감식안이 드높기로 소문난 인물입니다. 그런 그도 가짜에 속아 넘어간 일이 있었습니다. 이야기는 이렇습니다.

청나라 고미술상에게 속아 넘어간 김광국

의관 김광국은 중인 가문에서 태어난 인물입니다. 그의 선대는 대대로 수의와 내의를 지낸 명문 의관 가문이었습니다. 비록 명예직이긴 하나, 김광국의 할아버지들은 일품 숭정대부와 이품 자헌대부의 품계까지 올랐습니다. 김명국이 교유했던 인물들 역시 강세황, 이광사, 박지원, 유한지 등 대부분 명문가의 사대부들이었습니다.

이처럼 훌륭한 중인 집안에서 태어난 김광국의 취미는 그림

•

일본의 17세기에서
20세기 초까지 에도시
대에 유행한 풍속 그림
이다. 당대 사람들의 일
상생활이나 풍경, 풍물
등을 그려냈다.

••

미술사가인 장진성 서
울대 교수가 분석한 연
구 결과이다.

수집이었습니다. 약물 진상을 위해 외국을 드나들 때면 조선뿐만
아니라, 청나라 그림과 일본 우키요에浮世絵*, 심지어 서양의 동판
화까지 수집했습니다. 어느 날, 김광국은 청나라로 사행을 떠났
다가 건륭황제 전속 화가로 불리던 김부귀金富貴란 사람의 〈낙타
도〉를 얻게 됩니다. 그는 어렵게 얻은 이 〈낙타도〉의 발문을 쓰
면서 '이 그림은 조선화가 김부귀의 작품으로, 부귀는 황제의 내
각화사內閣畫師'라고 평했다고 합니다.

그런데 정작 중국에는 이런 화가가 없었다는 것이 오늘날에
서야 학자들에 의해 밝혀졌으니,** 김광국은 중국 상인의 농간
에 넘어가 가짜 그림을 구입한 것이지요. 조선인 화가라는 거짓
말에 그림 가격이 급등했을 것이고, 황제의 전속 화가라는 두 번
째 거짓말에 거금을 지불한 것이 분명합니다. 조선 최고의 감식
안을 가진 김광국의 식견이 이 정도였으니 당대 조선 사람들의
감식안은 보지 않아도 뻔할 뻔자입니다. 가짜 만들기를 좋아하는
중국인들에게 얼마나 많은 우리나라 사람이 넘어갔을까요? 이젠
속지 말아야 할 텐데 말입니다.

석농 김광국에 대해 좀 더 소개하고자 합니다. 이 사람은 우리
나라 회화사에서 빠뜨릴 수 없는 인물이기 때문입니다. 앞서 말
한 것처럼 김광국은 중인 명문가에서 출생했습니다. 중인들은 주
로 공무역을 통해 부를 축적했습니다. 하지만 가끔 사무역을 통
해 더 큰 수익을 보려고 발버둥쳤습니다. 김광국도 그런 인물 중
하나였나 봅니다. 《조선왕조실록》엔 우황을 허가 없이 사고팔다
가 정조에게 적발되어 의관의 명부에서 삭제된 일화가 남아 있

청나라 내각화사 김부귀가 그렸다고 알려진 〈낙타도〉
속아 넘어가 구매한 작품이지만, 명화임에는 분명하다. 개인 소장본

습니다.

•
음력 섣달에 임금이 가
까운 신하에게 나누어
주던 의약품

내의원에서 우황牛黃을 별도로 무역하는 일을 아뢰니, 하교하기를,
"임금에게 올리는 약물의 사체事體가 얼마나 중대한가? 납제臘劑*를
말하더라도 해마다 별도의 명단에 죽 벌여 써서 임금에게 아뢰어 결
정한 뒤에 지시사항을 기다려 거행하는 것은 임금의 탕약을 만들어
올리는 규례와 마찬가지이다. 이번에는 당초에 임금에게 아뢴 일이
없고, 또 넌지시 아뢰는 일도 없었으니 아래에서 임의로 규칙을 만들
려고 한 것은 매우 무엄하다.

이것이 비록 작은 일이기는 하나, 명색이 임금에게 올리는 약물이라
면 이처럼 방자하게 행동한 것을 보면 참으로 이루 말할 수 없는 폐
단이 있을 것이다. 이것을 엄하게 벌하지 않으면 어약을 중히 여기는
뜻이 땅을 쓴 듯이 없어질 것이다."

하고, 이어서 일을 도모한 의관 김광국을 의관의 명부에서 제명하고
해당 관청에 명령을 내려 엄중히 다스리라고 명하였다. 도제조都提調
홍낙순洪樂純이 의금부에서 서명肯命하니, 대명하지 말라고 명하였다.

《정조실록》 8권, 정조 3년 12월 3일 계축 2번째 기사

••
임금에게 쓰는 약

이 시기가 1789년으로, 정조가 등극한 지 4년째 되던 때입니
다. 내의원에서는 그동안 어약••을 임금의 허락 없이 자체적으로
결정하고, 중국에서 사들여왔습니다. 이 사실을 알게 된 정조는
매우 불쾌하게 여겨 책임자였던 김광국을 내쫓아버립니다.

하지만 김광국과 같은 중인 명문가 사람들은 사대부들과의 유

착 관계가 무척이나 끈끈했기에 의적에서 삭제되었다고 영원히 의관 행세를 못하는 것은 아니었습니다. 어느 정도 시간이 지나면 로비를 벌여 복직하기 마련입니다. 아니나 다를까, 7년 후에 김광국은 수의首醫가 되어 다시 내의원에 들어옵니다.

가짜 가운데서 진품으로 판정된《조선경국전》일화

가품과 관련해, 또 이런 이야기가 있습니다. 어느 회사의 회장 님이 경영을 잘못해 회사가 파산했습니다. 가지고 있던 박물관과 갤러리의 여러 작품이 경매에 넘어갔습니다. 전문가들이 들어와 공예품, 서화 그리고 고서들의 감정가를 평가해보니, 구매했던 가 격보다 훨씬 못 미치는 가품이었다고 합니다. 그나마 천우신조 격 으로 구입한 고서가 하나가 있었다고 합니다. 그것은 바로 정도전 이 저술한 조선왕조의 법전《조선경국전朝鮮經國典》이었습니다.

《조선경국전》은 경기도권에 소재한 어느 박물관에 1억 원이 넘는 고가로 팔려 넘어갔는데 〈진품명품〉이란 프로그램에도 소 개되었던 이 책은 현재 보물로 지정되었습니다. 보물로 지정된 순간, 곱절이 넘는 가치로 재탄생했음은 불 보듯 뻔한 일입니다. 이것이 바로 고서의 매력입니다. 가치를 인정받으면 고가의 자산 이 되는 것입니다. 법전을 사들인 박물관은 그저 횡재한 것이나 다름이 없었을 겁니다. 전 주인이던 회장님은 이런 결과를 보고 받고선 무슨 생각을 했을까요? 책에도 분명 사람처럼 운수가 있 는 것이 틀림없습니다.

가짜와의 싸움, 최남선 〈한양가〉 광고지

필자 역시, 석농 김광국처럼 가짜에 속아 넘어간 적이 있습니다. 한번은 경매사이트에 최남선의 〈한양가〉 광고지가 올라왔는데 치열한 경합 끝에 낙찰을 받았습니다. 최남선의 〈한양가〉는 상당히 중요한 근대사료입니다. 최남선은 근대화라는 소명에 부응하기 위해 새로운 형식의 시가를 만들려고 모색합니다. 그렇게 탄생한 시의 형식이 창가입니다. 〈한양가〉는 최남선의 다른 작품인 〈경부철도가〉와 함께 근대문학사의 효시를 이루고 있습니다. 게다가 광고지에는 최남선이 설립했던 출판사인 신문관의 주소가 한성 남부 사정동 59통 5호_{현 을지로입구역 근처}라는 사실도 적혀 있었으니, 소장 가치가 충분한 역사적 사료였습니다.

'가짜' 〈한양가〉 광고지
정교하게 복사되어 사진으로는
가품인지 알 수 없다.
옥산자 서실 구장본, 필자 촬영

설레는 마음으로 실물을 받아보니, 복사기로 정교하게 출력한 복사본입니다. 황당함과 함께 분노가 치솟았습니다. 즉시 판매자에게 전화를 걸어 가품을 보내면 어쩌라는 말이냐고 했더니, 태연하게 반품을 하라고 응대하는 것이 아니겠습니까? 구입 금액은 개인계좌로 보내줄 테니 경매회사엔 이 사기극(?)을 알리지 말라고까지 덧붙였지요. 어이가 없었지만 그렇게 하지 않으면 대금을 반환받지 못할 거 같아서 어쩔 수 없이 판매자의 제의를 수용할 수밖에 없었습니다. 사진으로는 절대 구별할 수 없었던 일이지만, 이를 제대로 알아보지 못한 저의 감식안을 탓할 일입니다. 역시 물건은 직접 눈으로 봐야 알 수 있다는 사실을 다시 한 번 깨달았던 순간이었습니다.

5 친일파의 이중적인 삶,
조동윤의 부채와
이완용의《천자문》

부채 한 점을 구입했습니다. 조선 부채의 전형적인 형식은 아니었지만, 부채의 앞면에 쓰인 필체가 우아하여 마음이 당긴 것인데요. 나중에 알고 보니 이름 있는 친일 인사의 필적이어서 깜짝 놀랐습니다. 부채에 적힌 시구의 내용과 쓴 사람의 행적은 전혀 어울리지 않았기 때문이죠. 주인공은 다름 아닌 혜석 조동윤趙東潤, 1871~1923이었습니다.

근대 미술사를 전공한 분이면 서화가로서 약간은 알 듯한 인물이겠지만, 이 사람은 본래 조선 말 세도 집안으로 유명한 풍양 조씨 가문의 정치가입니다. 아버지는 조대비로 널리 알려진 신정왕후의 조카 조영하趙寧夏, 1845~1884로, 갑신정변 당시 개화파에게 살해되었지요. 이쯤 되면 아비의 복수를 위해서라도 개화세력과는 등을 지는 게 맞을 듯하지만, 무슨 생각인지 그는 아버지를 제거한 세력에 빌붙어 반민족행위자가 되어버립니다.

거짓된 삶을 살았던 혜석 조동윤

조동윤에게는 흥미로운 일화가 하나 있습니다. 그의 첫째 부인은 갑신정변의 주역인 홍영식洪英植, 1855~1884의 조카였습니다. 갑신정변 실패로 홍씨 집안은 역적으로 몰려 풍비박산했습니다. 풍양 조씨들은 조동윤의 처인 홍씨 부인을 친정으로 돌려보내야 했고, 금슬이 좋았던 조동윤과 홍씨는 피눈물을 흘리며 헤어졌습니다. 친정인 여주로 내려간 홍씨는 '맹세코, 다시 살아서 조동윤의 처가 되겠다'며 고집을 부리고서 수절하였다고 합니다.

시간이 흘러 다시 친일파가 득세하고 갑신정변의 주역들이 복권되니, 수절녀 홍씨 부인의 일도 조정에 회자되기 시작했지요. 첫사랑은 못 잊는 법인지 재혼한 조동윤은 옛 부인을 다시 조강지처로 삼게 해달라며 고종에게 상소하였고, 결국 허락을 받아내었다고 합니다. 세간에선 이런 조동윤의 양처兩妻를 좌부인, 우부인으로 불렀습니다. 이제 부채에 적힌 오언 절구의 시를 한번 들여다봅시다.

맑은 시내에 노를 놓으니
앞산에 비 잠깐 내리며 날 개었네
배 젓는 일로 시간 보낼 만도 하지만
그저 세상을 등지려고 함은 아니라오

속세를 멀리하고자 했던 가난한(?) 뱃사공의 운치가 잘 묘사된 시입니다. 과연 조동윤의 삶도 그랬을까요? 사실 조동윤은 그의

혜석 조동윤의 부채와 그의 필적
십만 오천 원이라는 비교적 싼 가격에
구입했다. 옥산자 서실 구장본

아비 조영하와 함께 알아주는 충청도 갑부였습니다. 조영하는 사
촌 조성하, 대원군의 친자인 이재면, 대원군의 사위 조경호와 함
께 장안의 권귀權貴*로 이름이 높아 '사을사四乙巳'라고 불렸습니
다. '사을사'는 이 네 명의 생년이 을사년이라 그런 별칭이 붙은
것입니다.

　조동윤은 무려 6만 평 이상의 논과 3만 평 이상의 밭을 충청도
갑부인 아버지로부터 물려받았습니다. 임야가 아닌 농지가 이 정
도였죠. 가옥도 32채나 가지고 있어 이를 소작농에게 세를 주었
습니다. 지금으로 따지면 임대업자에다가 토지자본가인 셈입니

*
벼슬이 높고 권세가 높
은 집안의 귀족을 의미
하는 말

044
/
045

다. 부자인 그의 처지를 생각하자면 비로소 시에 적힌 의미를 알 수 있으니, 그는 가난한 어부나 뱃사공의 삶보다는 노동하지 않는 은일隱逸 군자의 소요함을 즐기려고 했던 모양입니다. 한 가지 놀라운 점은 이런 조동윤조차 충청도의 여흥 민씨 모 자작, 안동 김씨 모 백작보다 소유 경작지가 적었다는 사실입니다. 일제강점기에 들어서도 조선왕조 사대부들의 재력은 크게 바뀌지 않았던 셈입니다.

표리부동한 이완용의 《천자문》 일화

이런 가식적인 행태는 비단 조동윤뿐만은 아닙니다. 친일 매국의 대명사 이완용李完用, 1858~1926 역시 그러했습니다. 경성부 서촌 인왕산 근처에 저택을 지어 살던 이완용은 일당一堂이라는 호와 함께 만년에 인왕산초부仁王山樵夫*라는 별호를 즐겨 사용했습니다. '인왕산초부'라는 뜻은 말 그대로 '인왕산에서 나무하는 나무꾼'이라는 의미입니다. 이런 사실은 그가 출판한 《천자문》에 잘 드러나 있습니다. 이《천자문》은 1922년 9월에 발행되었습니다. 이완용이 조선미술박람회 서예부문 심사위원으로 위촉된 것을 기념할 목적으로 제작된 것입니다. 혜강 김규진金圭鎭, 1868~1933 이 제첨을 맡고, 운양 김윤식이 발문을 썼으며, 조선 총독 사이토 마코토濟藤實가 찬문을 적었습니다.

식민지 시대에 여의도 넓이의 5배나 되는 거대한 토지를 보유

1922년 이완용이 제작한《천자문》
왼쪽 제첨은 혜강 김규진이 쓴 것이고, 오른쪽에는 이완용의 인장들이 보인다.
시계방향순으로 일당, 이완용, 인왕산초부라고 찍혀 있음을 확인할 수 있다.
옥산자 서실 구장본. 필자 촬영

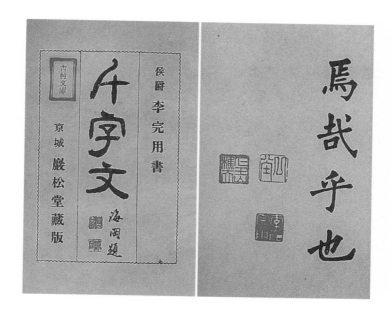

한 부동산 재벌, '현금왕'이던 후작 이완용이 집안 노비들이나 하는 '나무꾼'을 자칭했다니! 평생 지게 한 번 메어 보았을까요? 사실, 글씨와 그림을 꽤나 쓰고 그렸다는 유명 문인들은 겸손의 의미로 '초부'라는 호를 자신의 작품에 남기기도 했습니다만, 이완용의 경우는 달리 보아야겠습니다.

나라를 팔아먹고 민족을 배반해 부정한 권력으로 호의호식하는 인사가 무슨 낯짝으로 '인왕산초부'라는 호를 새겨 낙관으로 찍었는지 잘 모르겠습니다. 이완용의 '인왕산초부'이라는 호는 예술하던 문인들이 추구한 은일 사상, 자기 겸손의 의미가 아니라 부정한 시대에 이율배반적인 그의 성격과 귀족적 풍류로 폄하시키는 것이 마땅합니다.

조동윤이나 이완용이나, 우암 송시열을 추종하던 노론계열 유학자 가문의 후예였다는 사실은 누구나 다 알 것입니다. '대명의리 大明義理' '존주양이 尊周攘夷'라는 떳떳한 유학적 대의로써 나라와 함께 죽기에는 삶이 아까웠겠지요. 그래서 그보다 격은 낮지만, 유교 윤리에는 적합했던 은둔하는 삶을 잠칭한 것은 아니었을까요? 그리고선 친일 행태를 정당화하려 했던 것은 아니었을까요? 일국의 사회 지도층이던 그들은 과연 매국 행위로 얻은 귀족 작위를 부끄러워는 했는지 모르겠습니다.

영원할 것만 같았던 조동윤, 이완용 부류의 구시대적 대자본은 해방 이후 토지개혁과 함께 산산이 흩어졌습니다. 물론 그중 일부는 산업자본가로 변신에는 성공했지만 조선왕조 내내 이어져 오던 경성 귀족세력의 자산은 토지개혁으로 영원히 공중분해된 셈입니다.

그렇다면 여기서 한 가지가 궁금해집니다. 제가 구입한 친일파 조동윤의 선면시고는 어느 정도의 가치가 있는 것일까요? 비슷한 위창 오세창의 선면시고가 약 100만 원 이상의 추정가로 소개되어 있으니, 조동윤이 친일 인사라는 사실을 감안하더라도 그의 부채는 70~80만 원의 평가는 가능할 듯합니다. 고미술의 세계는 이렇습니다.

🪭 화제의 부채
_____

2016년 KBS 진품명품 1055회에 출품된 부채 한 점이 850만 원의 감정가를 기록했다. 그 부채의 이름은 〈쌍학 대원선雙鶴大圓扇〉. 크기가 가로 51cm, 세로 100cm에 이르는 대형 부채다. 조선시대엔 크고 둥근 부채를 대원선大圓扇이라고 했다. 출품된 부채에는 두 마리의 학이 그려져 있어서 〈쌍학 대원선〉으로 불리던 것이다. 부채는 보통, 통제영이나 전라감영, 경상감영에 소속된 장인인 선자장扇子匠이 만들었고, 이것을 중앙관청인 공조에 납품하였다. 단오절에는 단오사선端午賜扇이라는 풍습이 있어서 임금이 측근 신하에게 부채를 하사했다고 한다.

6 조선명필이던
임금의 사위,
오태주 글씨를
손에 넣다

고서 경매 사이트를 훑어보다가, 눈에 띄는 간찰들이 무더기로 보였습니다. 초서로 써 내려간 글씨가 유려한 것을 보니 분명 유력 사대부 집안에서 흘러나온 것이 틀림없습니다. 천천히 읽어 내려가니, 놀랍게도 《조선왕조실록》과 《승정원일기》에서 보던 이름들이 가득합니다. 대다수가 해주 오씨 집안, 그 나머지도 현종의 사위 해창위海昌尉 오태주吳泰周 집안과 교유했던 서인西人 고관·문사들의 편지글입니다. 대단한 컬렉션이 될 수 있겠다는 생각에 관심 있게 들여다보았습니다.

그렇지만 하나하나 훑어볼수록 실망감만 늘어갑니다. 보낸 사람의 명확한 이름이 적혀 있지 않은 채 그저 아비 부父자를 적어놓았고, 언제 보냈다는 발신연도도 없었기 때문이죠. 이 편지들은 아버지와 아들 사이에 주고받은 지극히 사적인 편지들인 셈입니다.

이런 종류의 편지들은 낱개로 구매하면 아무런 쓸모가 없습니다. 왜냐하면 개인 간에 주고받은 서신 내용은 한두 통의 편지로는 전체적인 맥락을 알 수 없기 때문입니다. 서신 전부를 입수해야 비로소 전체적인 의미를 파악할 수 있는 법이니까요. 한 통의 가격도 만만치 않고, 전부 매입하려면 거금이 들 것이 뻔해서 아쉽게도 포기할 수밖에 없었습니다. 간략하게나마 읽어보니, 역시 가족끼리나 나눌 수 있는 내용이 가득했습니다.

> 벽제에서 이별하여 보내니 연연하여 잊기가 어렵구나. 집에 돌아간 후
> 엔 잘 있느냐? 아버지는 오늘 비 오는 것을 무릅쓰고 개성에 도착하
> 였다.
> 네가 지금 만약 네다섯 달을 허무하게 보내면 장차 쓸모없는 인간을
> 면치 못할 것이다. 아무쪼록 부지런히 글을 쓰고 읽으면서 나의 행차
> 가 돌아오기를 기다리거라. 이것이 네 아비의 지극한 바람이다.
>
> 22일 아버지가 (수결)

객지의 아버지가 아들에게 보고 싶다는 감정을 토로하기도 하며, 아버지가 없어도 열심히 공부하라는 내용도 보입니다. 조선의 아버지는 그저 엄격했다는 우리의 고정관념과는 달라 재미있네요.

이쯤 되니, 이 다정다감한 아버지가 누구인지 궁금합니다. 다행히도 아버지는 자신이 보낸 편지 말미에 수결서명을 해놓는 버릇이 있었으니, 이를 통해 이 사람의 행적을 찾아볼 수 있었습니다. 그렇다가 결정적인 힌트를 얻게 되는데, 이 아버지라는 사람이 쓴 편지 중에 현종의 사위 해창위 오태주에게 보낸 것들이 확인됩니다. 거기에도 아들에게 보낸 수결 형식을 버릇처럼 해놓았

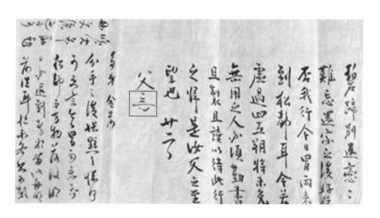

해주 오씨 집안의 아버지가 아들에게 쓴 간찰
표시된 부분이 수결이다. 개인 소장본

고, 이것은 편지 수신인이 동일하다는 결정적인 증거였습니다.

해창위 오태주는 명안 공주의 남편으로 현종의 부마이자, 숙종의 매제입니다. 그런데 이 아버지라는 사람은 해창위에게는 '사숙舍叔, 집안 숙부'이란 말을 합니다. 즉 이 아버지라는 사람은 임금의 부마인 오태주에겐 작은아버지가 되는 사람이겠지요. 이제 추적은 쉽습니다. 해주 오씨 족보를 확인하면 되니 말입니다. 아니나 다를까, 오태주에겐 작은아버지가 한 명 있었습니다. 그 사람은 다름 아닌 오두규吳斗奎였습니다.

오두규는 그렇게 출세한 인물은 아닌 듯합니다. 진사시는 합격했지만, 벼슬은 종9품 능참봉에 그쳤을 뿐이니까요. 그런데 여기엔 사연이 좀 있습니다. 이 해주 오씨 집안을 일으킨 사람은 오두규의 둘째 형 오두인吳斗寅, 1624~1689이란 인물입니다. 해창위 오태주의 아버지인 오두인은 정말 대단한 인재였습니다. 1648년에 있었던 진사시 2등을 했고, 다음 해 대과 별시에서 갑과 1등 즉, 장원급제 타이틀을 달며 정계에 화려하게 데뷔했습니다.

조선시대, 특히 붕당정치가 치열했던 인조 이후에는 장원급제의 타이틀은 특별했습니다. 선봉에서 정계의 언론을 주도한 자 가운데 여럿이 장원을 한 인물이었기 때문이죠. 과격한 언론을 보였다가 청나라에 끌려가 죽은 오달제도 장원급제자였고 언관言官, 언론을 담당했던 문관이 되어 남인들을 앞에서 공격하던 소두산이란 인물도 장원급제자였습니다. 소론의 공격수 박태보 역시 장원급제자였고 지금 오두인이란 인물도 마찬가지입니다. 항상 선두에 섰던 오두인의 죽음은 비참했습니다. 남인들과 함께 장희빈을 중전으로 삼으려 하던 숙종의 의도를 결사반대하다 숙종의 미움으로 국문을 받았고 유배를 가던 도중에 숨을 거두었습니다. 군신공치君臣共治*라는 정치시스템을 지지하던 서인계西人系에서 오두인은 순교자나 다름없었지요. 임금과 남인 세력에 대항하여 죽었으니 서인 사대부로서 이보다 더 고결한 죽음은 없었을 법합니다. 서인 노론 정권이 다시 들어서자 오두인은 충신으로 추앙되었으며 해주 오씨 집안 역시 충절의 집안으로 자리매김합니다. 오두규는 둘째 형인 오두인이 임금으로부터 버림을 받고 죽임을 당하자 충격을 받고 다음 해에 사망하고 말았습니다. 여기까지가 제가 추적한 역사의 흔적들입니다.

이렇게 해주 오씨 해창위 가문의 편지들을 공부하다 보니, 한

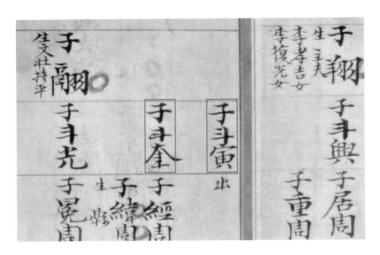

해주 오씨 만가보 부분
오상^{吳翔}이란 인물은 아들 셋을 두었다. 큰아들이 오두흥, 둘째가 오두인, 셋째가 오두
규였다. 해남 윤씨 만가보 중 해주 오씨 편

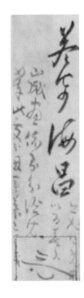

해창위 오태주에게 보낸 간찰의 봉피
답기해창(해창위에게 부치는 답서)이라고 적혀 있다.
앞선 편지와 동일한 수결의 형식이 보인다.
발신자가 같다는 의미이다. 개인 소장본

동안 고개를 갸우뚱할 수밖에 없었습니다. 이 집안의 문서와 간찰류는 일찍이 P라는 어느 사학과 교수님께서 수집하여 박물관에 기증했기 때문입니다. 그래서 다시 한 번 그분이 기증했던 유물이 실린 도록을 살펴보았습니다. 역시나 그 집안에서 흘러나온 간찰들이 분명해 보였습니다. 수신자로서 겹치는 사람도 많았고 같은 글씨체에 같은 이름들이 중복되었기 때문입니다. 며칠간 전문가에게 문의도 하고 관련 자료도 찾아보니 점점 퍼즐이 맞추어지기 시작했습니다. 그 사연은 이렇습니다.

조선왕조가 무너지자 외척 가문이던 해창위 오태주의 집 역시 몰락하여 집안 유물이 궁 밖으로 나오게 되었죠. 여기에는 임금의 어필御筆, 대왕대비와 공주의 한글 친필, 오태주의 필적 등 형용하기 힘들 정도로 역사적 가치가 큰 유물들이 많았습니다. 70~80년대 오태주 가문의 유물이 청계천 고서점에 심심치 않게 발견되었다는 걸 볼 때 이리저리 흩어진 것은 분명해 보입니다. 하지만, 후손들이 경제적으로 어려워지자 매물로 판 것인지 아니면 도난를 당한 것인지는 짐작하기 어렵습니다. 이때 P 교수님이 오태주 가문의 유물을 수집하고서 나중에 수도권의 어느 박물관에 기증하였는데, 이 시점에서 유물이 흩어진 것은 아니라고 봅니다. 교수님이 기증한 유물들은 오태주 이후의 후손들과 관련된 것들이고, 경매에 나온 유물은 오태주와 같은 세대 또는 그 윗대에 해당하는 문서들이 대부분이었기 때문이죠. 누군가가 이미 정교하게 중요 유물을 파악하고서 A·B·C급으로 분류하여 쪼개어 놓은 것이 분명합니다. 전문가의 솜씨가 아니면 절대로

将至則豈可以區區移避所能免哉吾甚苦之

為余子孫者謹遵此意

諸宮家惑於佛道有喪則輒邀女僧薦

福又往山寺大設水陸之會其非甚矣吾身

淺勿為此事

公主在世之日自不得不身親出入 大內又

武徑倒通書札而公主卒逝之後則不過

受 賜謝 恩而已吾死後子婦不可用諸

宮家謬例只於受 賜物後修謝狀外勿

以私事通書干求 大內此事雖小不可少

忽也

丙申十月初八日

病裏手自起草於粉帖欲為親寫矣及

其疾革不能把筆故令第晉周倩書焉

遺訓

俗云　王子女當為不遷之主而吾意則不然毋

用俗例祀止四代而後埋主

附身衣物公服外毋用紗段

棺恭止于三度

勿求輓章於人

初喪勿用油蜜果忌祭則只用一器而勿為高排
造果時真末毋過五升

朝夕奠只用果實一楪

上食飯羹外毋過六七器

余厚蒙　國恩未有一分報效今遷至斯葵祭

何敢用大夫禮乎至於禮葵雖不敢辭避但喻

月而葵以表平日之志

勿用小方床以士夫家所用竹格用之

毋拘葵地向背日月有忌必以喻月而葵之

勿為返魂俟過卒哭勿倫儀物只以香亭子載主

喪人著方笠隨後

勿立神道界

해창위 오태주의 유훈遺訓

오태주는 자손에게 훈계하는 글을 남겼는데, 병 때문에 글씨를 제대로 쓰지 못해서
친동생인 오진주가 대신 썼다. 단정한 해서체가 사대부들의 고상한 기품을
보여준다. 국립중앙박물관 소장본

할 수 없는 일들입니다. 교수님의 기증 유물과 경매에 쏟아져 나온 것들은 대부분 조선왕실과 관련 없는 유물로서 후손들의 호적, 간찰, 시문이 대다수입니다. 쉽게 이야기하자면 'C급 유물'인 셈입니다. 왕가의 어필과 명안 공주의 친필, 부마 오태주 간찰 등 'A급 왕실 유물'은 강원도 모 박물관에 소장되어 있는데 그 일부는 보물로 지정되어 있습니다. 오태주 가문에서 보관된 것들을 박물관에서 입수하였다고 하지만, 제가 생각하기론 후손 집에서 직접 가져온 것은 아니라는 생각이 듭니다. 어쨌든 보이지 않는 손(?)이 존재했던 것은 분명합니다.

오태주의 글씨 가운데, 자손을 훈계하는 유서 한 통이 존재하는데, 이것은 서예가 오태주가 병 중에 동생인 오진주에게 대신 쓰도록 한 것입니다. 이 유서는 현재 국립중앙박물관에 소장 중입니다. 한 집안에서 고이 모셔온 것들이 누군가에 의해 흩어져 보관되고 있으니, 안타까운 마음뿐입니다.

이 무더기 간찰 가운데 제가 고가에 매입한 것이 하나 있습니다. 다름 아닌 앞서 언급한 명안공주 남편 해창위 오태주의 글씨입니다. 비록 간찰이기는 하지만 쉽게 얻을 수 없는 유물이라 설레는 마음을 감출 수 없습니다. 오태주는 조선 후기 숨겨진 명필 가운데 한 명입니다. 잘 알려지지 않은 까닭은 이 귀공자가 글씨를 남에게 잘 써주지 않았기 때문이죠. 아버지가 당쟁으로 인해 목숨을 잃고 오태주 역시 연좌되어 고통을 당했습니다. 다행히도 아버지의 명예가 회복되어 궁중을 출입할 수 있었지만 오태주는 그날 이후 극도로 몸을 사리기 시작합니다. 그는 처남인 숙종의 명을 받아 시문을 올렸을 뿐, 남과의 교유를 꺼리며 자신의 글이 타인에게 넘어가는 것조차 상당히 싫어했다고 합니다. 그래서 지금 그가 남긴 필흔筆痕은 대부분 왕실과 가까운 인척의 비문에서나 볼 수 있습니다. 필자가 아는 바로는 세상에 공개된 오태주의 간찰은 다섯 점을 넘어가지 않는다고 합니다. 이렇게 희귀한 간찰을 알아볼 수 있었던 단서가 있으니, 그것은 바로《승정원일기》였습니다.《승정원일기》를 봅시다! 1687년 2월 6일자 기사에 다음과 같은 내용이 등장하네요.

> 해창위 오태주가 소를 올렸다. 대강 말하자면, 휴가를 청하였는데 어머니의 병 구환을 살피는 일이었다. 임금에게 보고하였다.

해창위 오태주가 숙종에게 상소를 올려, 어머니의 병구환을 위해 휴가를 청하고 있음을 알 수 있습니다. 같은 날 숙종은 오태주 상소에 비답을 내리는데, 이 역시《승정원일기》에 그대로 실려 있습니다.

> 해창위 오태주 소의 답하여 (임금이) 말하길, "소를 자세히 보았다. 경은 소의 내용과 같이 안심하고 다녀오라." 이어서 전지하길 "타고 갈 말과 함께, 어의 김여기로 하여금 약물을 지니고 수행하도록 하라."

숙종은 오태주에게 안심하고 다녀오라며 말과 의원을 보내주었음을 알 수 있습니다. 이제, 필자가 얻은 오태주의 간찰을 살펴봅시다. 공적 사료인 《승정원일기》에 기록되지 않은 지극히 사적인 서찰을 엿볼 차례입니다. 이것은 역사에 드러나지 않은 외전外傳인 셈입니다.

> "즉시, 두 차례 (아버님께서) 내려주신 편지를 받들어 살펴보니, 행차가 만안하심을 알게 되어 기쁘기가 그지없습니다. 어머님의 담색증은 더 이상 발병하지 않으나, 점점 정신이 혼곤하여 수습하지 못하시니 정말 답답합니다. 소자와 아이들은 무탈할 따름입니다. 삼가 살펴 주시옵고, 답하여 올립니다."
>
> 정묘년(1687년) 2월 29일 자 태주

간찰 내용에는 오태주가 숙종의 허락을 얻어 어머니가 계신 평양 감영에 도착해 병간호를 하던 모습이 포착됩니다. 평안도 관찰사로 재임 중이던 태주의 아버지 오두인은 다른 지역으로 순행을 떠나, 정작 평양에는 없었던 것 같습니다. 오태주가 모친의 간호를 위해 휴가를 청한 날이 1687년 정묘년 2월 6일입니다. 그런데 편지의 발신일은 동년 2월 29일이니 날짜가 순행적으로 이루어져 어긋남이 보이지 않습니다. 또, 송설체의 글씨가 수려하게 적혀 있는데 이것 역시 그의 필적임을 알려주는 증거이기도 합니다.

오태주는 송설체松雪體*를 잘 썼습니다. 숙종과의 일화가 이를 뒷받침합니다. 조선 중기 이후 사대부 사이에선 왕희지와 한석봉의 서체가 유행했지만, 왕실에서는 여전히 조선 초기에 유행한

* 원나라 서예가인 조맹부가 창시한 서체. 송설은 조맹부의 호이다. 고려말 조맹부와 교유한 이제현과 이암이 국내로 들어와 유행시켰다. 조선 전기의 왕족인 안평대군이 송설체의 대가이다.

송설체를 선호하였다고 합니다. 이런 왕가의 전통 때문에 숙종은 매제 오태주에게 조맹부 글씨의 병풍을 하사하여 왕실 서체를 익히도록 했고, 이때부터 오태주는 송설체를 연마하여 대가가 될 수 있었다고 하네요.

이제, 명필 서예가 오태주 글씨의 가치가 궁금해집니다. 그와 동시대를 살았던 명필 서예가 미수 허목許穆은 글씨를 많이 남겼는데, 허목의 작품이 가치를 매기는 데 좋은 잣대가 됩니다. 미수 허목의 진품 간찰이 보통 150만 원에 거래되고 있습니다. 당대의 정치가이자 명필의 글씨가 저평가된 것이 아니냐고 생각할 수 있지만 간찰과 같은 실용적 성격의 글씨는 예술적인 의도가 담긴 서예작품이 아니라서 보통의 작품들보단 값어치가 떨어집니다.

오태주 간찰을 미수 선생의 간찰과 견주어 평가한다면 왕실 사람들의 글씨는 사대부의 것보다 구하려는 수요가 많기도 하거니와, 앞서 언급한 것처럼 오태주가 애초에 다작을 하던 사람이 아니라서 유통되는 글씨들이 거의 없습니다. 그래서 미수 허목 선생의 매매가보다는 높은 가격에 거래될 것으로 짐작합니다. 작은 소동(?)이 끝나고 며칠 동안 저는 오태주 글씨를 애지중지하며 들여다보았습니다. 글씨도 좋지만, 역사적인 사연이 담겨서 더욱 그랬으니까요. 그렇다가 별안간 이런 생각이 떠올랐습니다.

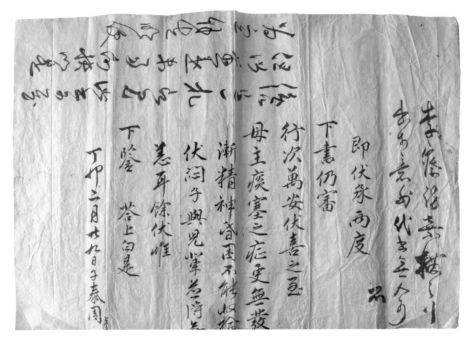

19살 젊은 부마도위의 간찰
1687년 2월 29일 오태주가 아버지 오두인에게 쓴 편지다.
어머니의 병세를 설명하고 있다. **옥산자 서실 소장본**

'과연 물건에도 인연이 있는가?' 가끔 귀한 글씨를 얻는 것엔 인연이 있어야 가능하다고 말하는 분이 있습니다. 하지만 제 생각은 조금 다릅니다. 하늘이 점지해주어야만 무조건 얻을 수 있다는 운명론적 이야기가 아니라는 것입니다. 제가 열심히 《승정원일기》를 살펴보지 않고 오태주에 관한 논문을 열람하지 않았다면, 그의 글씨는 그저 눈앞을 스쳐 갔을 것입니다. 물건을 취함에 있어선 운명적인 인연은 없습니다. 다만 노력이 있을 뿐이죠. 이것이 이번 컬렉션의 교훈입니다.

🔓 화제의 고문서 _____

해창위 오태주 집안의 호적 한 장이 무려 2백만 원에 낙찰되었다. 보통의 호적단자는 1통에 만 원도 안 되지만, 오태주 호적에는 어떤 비밀이 숨어 있길래 고가에 거래되는 것일까? 오태주는 한성부 중부 경행방 오순덕계(서울 낙원동 일대)에 부마 궁을 지어놓고 현종의 딸인 명안공주와 함께 살고 있었다. 호적에는 명안 공주의 4조(아버지, 할아버지, 증조할아버지, 외할아버지)가 기록되어 있는데, 특이하게도 외할아버지 이름만 있을 뿐 현종, 효종, 인조의 이름은 보이지 않는다. 조선시대에는 국왕 이름을 함부로 드러낼 수 없었기 때문에 이름을 지워버린 것이다. 이를 '피휘避諱'라고 했다. 오태주 호적은 이런 사실을 증명해주는 귀한 사료였다.

7 어머니는 같은데
아버지가 달랐던
조선 노비들의 삶

조선 후기 문학가 담정 김려 金鑢, 1766~1822는 친구였던 강이천의 '비어사건 飛語事件'*에 걸려들어 함경도로 유배됩니다. 함경도 경원 땅으로 가다가 정조의 특명으로 다시 부령에 중도부처 中途付處** 되지요. 김려는 이곳 부령에서 김명세의 집에서 먹고 자게 되었는데*** 이 김명세라는 인물은 보통내기가 아니었습니다.

북관北關의 무뢰배, 김명세

김명세 金明世. 그는 힘과 권력을 추종하는 인물입니다. 서울에서 쫓겨온 양반 김려가 아무런 권세가 없다는 것을 알게 되자, 그를 구박하기 시작했습니다. 첫날부터 김명세는 김려가 데려온 노비의 허리를 발로 힘껏 때렸으니, 이것은 김려를 향한 도전이나 마찬가지였습니다.

김려가 묘사한 김명세는 이국적인 사람이었습니다. 노란 수염을 가진 그 외모가 낯선 탓이었겠죠. 김려가 김명세를 거북해했

•
1797년 8월 성균관 유생 강이천, 김건순, 김려, 김선 등은 과거시험을 함께 준비하고 있었다. 하루는 김건순이 이들에게 청나라 신부인 주문모를 만난 이야기를 거론하며 주 신부를 세상을 구원할 진인이라며 떠들어댔다. 강이천은 김건순에게 들은 주문모 신부를 '이국신통지인'으로 과장하고선 조만간 이인(異人)이 조선에 나타나 천재지변이 있을 것이라는 요설을 도성에 퍼뜨렸다.

••
유배지로 가는 도중에 머무르게 하는 처분

•••
귀양살이하는 자를 먹고 재워주는 사람을 보수주인이라 하였다.

던 것은 단지 외모 때문만은 아니었습니다. 김려는 명세의 집안을 콩가루 집안이라고 한탄할 정도였습니다. 사대부였던 그의 눈에 김명세 집안은 유교 윤리가 한 치도 보이지 않는 '막장 집안'이었습니다. 김명세는 밥을 많이 먹는다며 맹인 아버지를 구박하고 주먹으로 때리는 일이 다반사였습니다. 아이러니하게도 김명세는 그보다 완력이 좋은 이부동복 남동생들에게 얻어맞는 존재였습니다. 김명세 집안은 도덕과 윤리가 부재한, 그저 힘과 폭력이 지배하는 짐승의 세계였습니다.

사실 김명세는 관노비 출신의 무지렁이입니다. 관노官奴라 함은 어머니가 종이라는 것을 의미하지요. 명세가 짐승 같은 삶을 살 수밖에 없었던 이유이기도 합니다. 명세의 어머니 금애今愛는 무산茂山 관아의 관비였는데, 그녀의 인생사는 현대인들이 보기에 참으로 기가 막힙니다. 금애는 무산에서 명세 아비를 만나 김명세를 낳고서 종성鍾城으로 도망하였습니다. 종성에서는 서만필이란 자와 눈이 맞아 동거했는데, 이때 김명세의 동생인 서명원과 서운대를 낳았습니다. 만필이 죽자마자 다시 서만필의 조카인 이구령과 눈이 맞고서 딸 둘을 더 낳습니다. 이구령이 죽자 결국 처음 지아비인 명세의 친부에게 돌아온 것이었죠.

어머니는 같은데, 아버지가 달랐던 조선의 노비

현대인들 눈에는 윤리와 도덕이 부재한 한 사람의 일생이 비칠 수도 있겠지만, 그녀는 비천한 관비였고 불행하게도 이러한 음행淫行은 그들의 일상이었습니다. 임금의 덕이 미치지 않는 궁벽한 함경도 시골구석에 유교적 윤리를 기대하는 것은 애당초 만무한 일이고, 게다가 정숙한 소양을 익힌 양반가의 여식도 아닌 천인賤人의 부류이기에 더욱 그러할 수밖에 없었을 테니까요. 천인의 삶을 좀 더 들여다봅시다!

다음 페이지에서 나오는 사진은 제주목 대정현 백성들의 가족 구성원을 기록한 호적대장입니다. 여기서도 김명세의 사례와 비슷한 이야기들이 발견됩니다. 호적에는 아비가 다른 소위, 이부 동복 남매의 이름들이 보입니다. 모두 관비의 자식입니다. 그런데 흥미로운 사실 하나가 호기심을 자극합니다. 집안 가장인 호주戸主가 다름 아닌 여성이었던 것이죠. 그것도 내자시內資寺* 라는 중앙관청에 소속된 관비였습니다.

내자시 관비 시금時今은 52세 여성입니다. 서른 살 난 딸 금덕, 열두 살 아들 이춘하와 함께 제주 대정현에 살고 있습니다. 딸 금덕이 낳은 올해 여섯 살의 차덕이란 여아도 시금의 손녀로 호적에 등재되어 있습니다. 불행인지 다행인지, 이 가족 구성원 모두가 관노비** 들입니다. 관노비들은 사노비와 달리 흩어지지 않고 모여 살 수 있었습니다. 하지만 어머니가 종이면 아들, 딸, 손녀 모두가 종일 수밖에 없는 것이 당시의 법도여서 모두 관노비가 되었을 겁니다. 그런데, 시금의 아들과 딸의 아버지가 다른 사람이네요. 딸인 금덕의 아버지는 시노寺奴 중완 즉, 공노비입니다. 아들인 이춘하의 아버지는 시노 동하인데 역시 공노비였습니다. 시금의 자식들은 이부 동복 남매지간으로 같은 집에서 어머니와

*
왕궁의 식료품을 담당하던 관청

**
관청에서 일하던 노비를 일컫는다. 사노비와 달리, 비교적 생활이 자유로운 부류가 관노비들이었다. 소속된 관청에 신공을 납부하기만 하면 되었고 사노비처럼 가족이 뿔뿔이 흩어질 일이 없었다. 그래서 생활면에선 양인과 다르지 않았다.

제주 대정현 호적대장
제24통 제1호 내자시 관비 시금
나이: 52세(무오생)
본관: 해주
부친: 시노비 오시흥
조부: 향리 오의일
증조부: 향리 오독쇠
외조부: 관노 김무성

한국학중앙연구원 고문서자료관 촬영본

동거 중입니다. 딸 금덕은 김성창이라는 양인 사이에서 딸 차덕을 낳은 것으로 보이는데 어찌된 영문인지 남편이랑 같이 사는 처지가 아니고 어머니와 함께 삽니다. 과연 무슨 사연이 있었던 것일까요? 건장한 남성 없이 여성들과 어린아이만 모여 사는 시금의 가족을 보며 드는 생각이 있었습니다. 여성의 생활력이 강하다는 제주 지역 풍토를 이 문서가 대변하는 것은 아닐까 하는 생각 말입니다. 자료가 여기서 끝나기 때문에 더 이상 알아볼 길이 없어 안타깝습니다. 아쉬움을 접어 두고선 다시 함경도 부령으로 돌아가봅시다.

노비 출신 김명세의 직업은 병영兵營 군뢰軍牢입니다. 군뢰는 군대에서 가장 천한 직업이었습니다. 군율을 위반한 병사들의 목을 베는 집행인과 같은 부류였기에 주로 관노나 민간에서 차출한 사노들이 도맡았습니다. 김명세와 같이 성질이 험악한 이에겐 이보다 더 좋은 일이 없었을 테죠. 군뢰가 천인의 역役임은 고문서에서도 확인됩니다.

다음 쪽에 보이는 문서는 필자가 소장한 호적단자인데 강희 23년1684년 경상도 진주에 거주하던 과부 류씨의 것입니다. 금전적 가치는 그리 큰 고문서는 아니지만 당시의 사회상을 보여준다는 점에서 귀합니다.

보다시피 오른쪽 글자보다 여러 칸 아래 적힌 글자들이 모두 류씨 부인의 소유 노비들입니다. 여성이던 류씨가 꽤 많은 노비를 소유했음을 알 수 있습니다. 그 가운데서 유심히 살펴볼 것이 있는데 바로 병영에 예속된 사노비私奴婢들입니다. 양난兩難 이후

1684년 작성된 류씨 부인의 호적단자 戶口單子

남편의 사망으로 인해, 그녀가 호주가 되었다.
조선시대에는 신분을 막론하고 여성도 한 집안의 호주가 될 수 있었는데,
이 사실을 류씨 부인의 호적단자가 알려주고 있다. **필자 소장본**

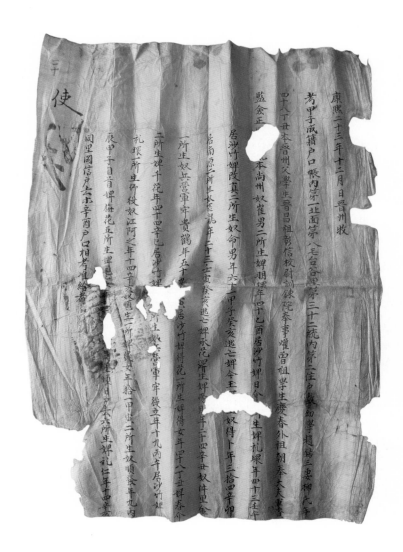

군역제도의 변화로 국방 의무가 없던 사노비조차 관청으로 끌려가 군역에 충당되기도 한 것인데요. 함경도 부령 군뢰였던 김명세와 똑같이 병영에 소속된 군뢰가 호적단자에 보이고 있습니다. 류씨 부인의 사내종인 19살 난 종립의 업은 병영 군뢰입니다.

호적단자를 살펴보다가 재밌는 사실 하나가 눈에 띕니다. 앙역노仰役奴*로 부림을 당하던 14살 어린 아이의 이름이 '강아지江阿之'라는 점입니다. 분명 성격이 순둥순둥하여 강아지라는 이름을 얻었을 것입니다. 이밖에도 '끝룡㐀龍' '건리쇠件里金' 같은 차자식 표현**의 이름도 눈에 띕니다. 순우리말을 한자로 음차하여 이름으로 삼던 부류들은 순탄치 못한 삶을 살던 노비들입니다.

그런데 하나같이 이름만 있을 뿐 성씨가 보이지 않습니다. 사노비들은 일반 양인들과 같이 관직 진출이 가능한 정상적인 사람이 아니었기 때문이죠. 양인과 동등하게 국방의 의무를 지면서도 정작 양인의 권리를 누리지 못했다는 사실은 17세기 조선이라는 나라가 합리적 근세 사회가 아닌 봉건적 중세사회였다는 점을 대변해줍니다. 그렇다면 조선 노비들은 그저 권력가나 주인에게 부림을 당하며 예속된 삶을 살았던 것일까요?

그런 불행한 삶은 아니었던 거 같습니다. 합법적으로 양민이되어 자유인의 신분을 얻기도 했습니다. 불법적인 행동이었지만, 가장 쉬운 방식인 도망을 통해 자유를 얻기도 했습니다. 그렇게 자유민이 된 노비 후예들은 호적戶籍을 위조하고 노비의 가계를 숨기는 일도 있었습니다. 이를 '환부역조換父易祖***'라고 했는데 '조상을 바꿔치는 행위'를 의미합니다. 이제 소개하려는 자료는

환부역조를 잘 보여주는 사료입니다. 필자가 구입한 노비 가계로 추정되는 집안의 호적단자입니다. 호적단자란 호주가 3년마다 한 번씩 가족의 변동을 관청에 신고하며 작성한 문서인데요, 본인과 처의 부친부터 증조부, 외조까지의 가계와 동거인 그리고 소유 노비들을 기재했습니다. 보통, 이런 호적단자의 매매 가격은 장당 10만 원 안팎에 지나지 않습니다. 그 이유는 가족관계증명서와 같이 어느 집에 가더라도 발견할 수 있는 흔한 고문서이기 때문이죠.

신분세탁을 위해, 호적을 위조한 노비의 후예

호적단자의 주인공은 이정옥이란 인물인데, 강원도 어느 지방 관아의 장교를 역임하던 자로 보입니다. 그래서 그의 직역이 업무業武••••로 표시되어 있습니다. 그런데 그의 조부 이름이 좀 이상합니다. '악돌이'입니다. 노비의 이름이 분명합니다. 이를 확증하기 위해 여러 고문서 자료집을 살펴보았습니다. 악돌이라는 이름을 가진 이들은 대다수가 노비의 신분을 가지고 있었으니, 업무 이정옥의 조부도 필시 공, 사천의 천민이었음이 분명합니다. 1801년 순조가 선왕정조의 유지를 받들어 관노비 수만 명을 해방했는데, 이를 기점으로 신분제가 급속도로 와해되었습니다. 관노들 가운데 양인이 된 자들은 관청을 떠나지 않고 수령을 보좌하며 신임을 얻어 향리 또는 장교로 신분을 바꿨습니다. 이정옥의 가계 역시 이런 경로를 통해 꾸준히 신분 상승을 했던 것으로 보

이정옥의 호적단자

이정옥의 할아버지는 이악돌이라는 천인의 이름을 쓰고 있다. 필자 소장본

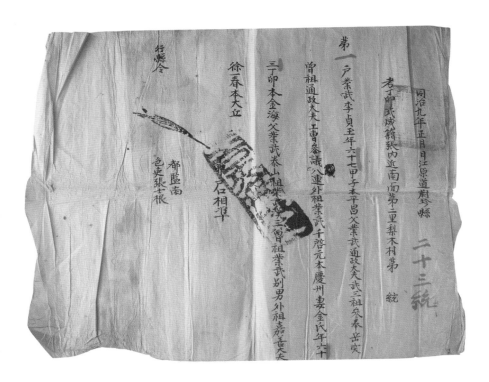

입니다. 이제 이정옥과 아들 이수종의 고문서들을 가지고 이 집안의 역사를 이야기하고자 합니다.

조선 말, 지방관아 심부름꾼으로 일하던 노비 후손 이끗동은 어려서부터 수완이 좋았습니다. 관청의 굳은 일을 도맡고서 열과 성을 다했지요. 천한 하인들이 하던 병영 군뢰로 일하며 죄인의 치도곤을 잘 치기도 했고, 사형수의 목을 단번에 베기도 했습니다. 드디어 지방 수령들도 이정옥의 실력을 신임해, 병영의 일을 맡기기 시작했습니다. 결국에는 중류층의 직임인 장교층까지 오르게 되었습니다. 천한 이름도 정옥貞玉으로 개명했습니다.

그의 아들 이수종은 신분 상승의 욕구가 불타오른 인물입니다. 아버지 노력으로 천민에서 이족吏族, 향리으로 신분 상승을 하였지만 부족해 보였습니다. 그의 아비 이정옥은 관청에 돈을 주고 공명첩空名帖*을 얻었지요. 벼슬 없던 할아버지의 관직도 높여드렸지만, 이것 역시 성에 차지 않았습니다. 이수종이 보기엔 증조부 이름이 누가 봐도 천인의 그것이었기 때문입니다. 이수종은 고민 끝에 할아버지 이름을 집안에서 영원히 지우기로 마음먹습니다. 후손의 발목을 잡는 할아버지는 더 이상 조상이라고 할 수 없었습니다. 그에게 미래가 중요했을 뿐, 어두운 과거는 남의 일이었지요. 관아에 근무하는 군관이니 호적업무를 담당하는 호적빗戶籍色**에게 호적을 위조해달라고 하는 것은 어렵지 않았습니다. 호적청戶籍廳에 있던 윗대 조상의 그것까지 칼로 긁어, 노奴자가 새겨진 굴레를 지워버렸을 겁니다.

신분을 세탁한 후, 이수종은 천민 가계에서 탈출해 떳떳한 중

*
조선시대 수취자의 이름을 기재하지 않은 백지 임명장이다. 주로 돈을 받고 그 대가로 지급했다.

**
지방관청에서 호적을 담당하던 향리를 이르는 말이다. 이두에서 색(色=빛:색)은 '빗'으로 읽는다. '빗'은 관청에서 일하던 하급 이속들을 일컫는 고전 용어이다.

업무 이수종의 호적단자

증조부 악돌의 이름이 지워지고, 대신 고조부 팔련이 증조부로 등재되었다.
조상 바꿔치기가 일어난 것이다. 필자소장본

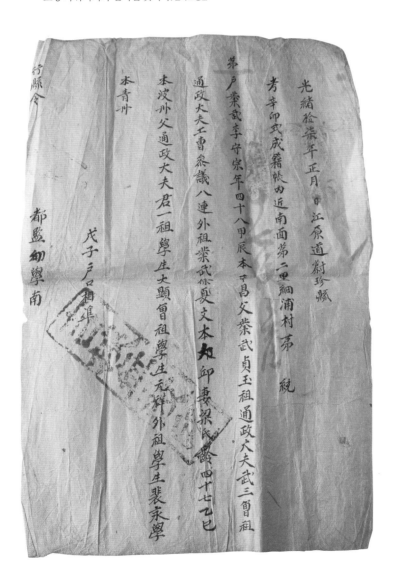

업무 이수종을 선무병방으로 차임 한다는 군수의 차정첩

이수종은 군수의 신임을 얻고선 중류층인 병방 군관까지 올라갔다.

옥산자 서실 구장본. 필자 촬영

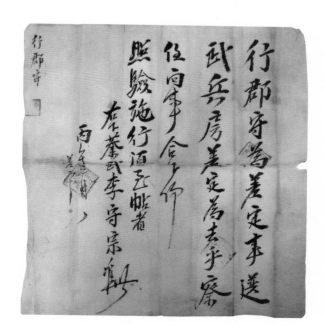

류층으로 행세했습니다. 가문이 좋아지니 아버지보다 출세했습니다. 군수가 그를 선무군관으로 차출하여 병방 사령의 직임까지 맡겼던 것입니다. 관청에서 소처럼 일하며 재산을 불린 이수종은 고향 인근에 근사한 선산도 마련하고, 이름 높은 가문과 혼사도 맺었습니다. 자식들을 향교에 보내 한학도 익히게 했습니다. 수종의 후손들은 일제강점기가 되자, 재빠르게 유교식 전통학문을 포기하고 신식 교육을 받았습니다. 유교 윤리를 맹신하던 양반이 아니었기에 이런 변신은 몸에 익숙했겠지요.

굴레를 벗고 대한민국 엘리트로 출세한 이수종의 손자들

이수종의 손자 중에 몇몇은 해외 유학도 다녀왔습니다. 도쿄제 국대학을 졸업한 수종의 큰손자는 고등문관 시험에 합격하여 지방 군수를 지냈습니다. 선조들을 하인으로 부리던 양반 후손 모두가 서른 살 남짓의 그에게 '영감님'이라는 존칭과 더불어 고개를 숙입니다. 이수종의 장손은 해방 이후, 판사로 전직해 지방법원 법원장으로 출세하고, 이름 높은 법조인으로 존경받았습니다.

만주군관학교를 졸업한 수종의 셋째 손자는 태평양전쟁 당시 일본군 소위로 임관했습니다. 해방 이후에는 조선경비대 장교가 되었다가 한국전쟁 당시 혁혁한 전공 덕분에 최종적으로 육군 준장으로 승진합니다. 장군이 되니 사람들 모두가 그에게 '각하'라 존칭하며 경례를 올렸습니다. 수종의 선조들은 평생 누려보지 못한 영광이었습니다.

할아버지의 재력으로 식산은행殖産銀行 조사부에 입행한 수종의 넷째 손자는 해방 이후, 미 군정청 은행 검사역 겸 통역관으로 전직했습니다. 일제가 남긴 적산가옥 처리를 주관하며 막대한 부를 쌓았고, 미국통으로 승승장구하며 민간영역에서 활약하더니, 1960년대 이르러서는 어느 시중은행 은행장까지 올라갔습니다. 수종의 선조들은 몇 십 년 전만 해도 양반에게 굴비 한 마리를 바치고 깍듯한 예를 올린 후에야 겨우겨우 다섯 냥을 빌려 썼지만, 이제는 양반 후손이 그에게 읍소를 하고 손바닥을 비비며 돈을 빌렸습니다.

천민 가계에서 중류층으로, 다시 상류층으로 부상한 이수종의 후예들은 권력과 부를 동시에 거머쥐고서, 문명의 중심지 서울로 터전을 옮겼습니다. 지금은 대한민국에서 내로라하는 양반 중의 양반으로 행세하고 있으니, 이 모두가 과거를 잊고 앞날만 읽어가던 할아버지 이수종의 출세의식 덕분이었을 겁니다.

🗝 화제의 고문서

2017년 〈KBS 진품명품〉에 등장했던 노비 매매문서가 하나 있다. 1737년 어느 양반가 사이에서 작성된 것으로 감정가는 무려 천만 원이었다. 보통, 노비 매매문서는 관청에 등록을 요청하는 소지所志와 명문, 증인들의 진술서인 초사招辭, 그리고 관아에서 이 사실을 공증하고 발행해주는 입안立案 등 각종 문서가 하나의 매매문서를 이루었다. 이번에 등장한 매매문서는 이 모두를 갖추고 있어서 사료적 가치를 인정받은 것이다. 재미있는 사실이 있다면, 노비 매매의 당사자들이 일부日夫와 기종己宗이라는 노비였다는 사실이다. 보통, 양반들은 상업적 거래에선 자신들이 직접 나서지 않고 집안의 일을 맡아보던 노비들의 이름을 빌려 대행했는데 이 문서에도 이런 사실을 확인할 수 있었다. 매매가 이루어진 38살의 남자 노비인 삼봉의 몸값은 여덟 냥, 즉 쌀 열 가마의 가격이었다고 한다.

8 기생과 택시, 일제강점기 일본인의 경성 여행

　　　　　　 몇 년 전부터 '욜로YOLO' 라이프가 유행입니다. '한 번뿐인 인생, 현재의 삶을 즐기자'라는 뜻에서 출발한 것인데요. 가장 인기 있는 욜로 라이프 스타일은 여행자의 삶인 거 같습니다. 사실 한국에서 욜로 라이프가 대세가 될 수 있었던 이유는 평화로운 정세와 경제적인 풍요 덕분이라 해도 과언은 아닐 겁니다. 가난했던 70년대만 해도 우리 국민의 해외여행은 자유롭지 못했습니다. 1988년 서울올림픽을 거치며 경제적인 성장을 이루어내자, 비로소 해외여행이 자유화되었지요.

　역사는 돌고 돈다는 말을 입증하듯이 조선시대에도 유람 열풍이 뜨거웠던 시절이 있었습니다. 유람遊覽은 말 그대로 소비 행위입니다. 경제적인 뒷받침이 부족하다면 불가능한 법이죠. 임진왜란과 병자호란 이후 태평한 시절이 도래하고 경제적인 풍요로움이 찾아오자 18세기부터 팔도 명산을 찾아다니는 유산자有産者들이 급증했습니다. 그 가운데 가장 명성이 높던 인물이 정란鄭瀾입니다. 정란은 성리학적 지배 이데올로기 속에서 말 그대로 욜로 라이프를 즐겼습니다. 양반이지만 사족의 일을 내팽개치고 명산

김홍도의 〈단원도_{檀園圖}〉

왼쪽의 거문고 연주하는 자가 단원, 가운데 부채를 든 자가 강희언, 오른쪽에 수염을 기른 사람이 정란. 오른쪽 하단에 정란을 모시는 사내종과 청노새가 보인다. 개인 소장본을 유람하는 것을 일생의 업으로 삼았습니다. 남의 비난을 듣건 말건 상관하지 않고 자신이 좋아하는 일에 탐닉했으니, 특별한 일생 덕분에 큰 명성도 얻기도 했습니다.

백수(?)나 다름없던 정란은 몸을 일으켜 이불 한 채와 어린 종 하나를 데리고 직접 명산을 탐험했습니다. 그러나 관직에 몸을 담고 바쁜 일과를 보내야만 했던 서울 양반들에게 정란과 같은 체험이 그리 쉬운 일은 아니었습니다. 그래서 이색적인 방식을 고안해냈습니다. 그것이 바로 '와유臥遊'** 입니다. 와유는 말 그대로 누워서臥 그림이나 글을 감상하며, 유람遊한다는 의미입니다. 와유화를 눈으로 훑어보고 전국의 이름 있는 명소를 방문하기도 하고 와유록을 읽고 타인의 감상기에 즐거움을 느끼기도 했죠.

와유 산수화로 유명했던 인물로 지우자之又子 정수영鄭遂榮, 1743~1831을 꼽을 수 있습니다. 그는 우리 국토를 탐험하고 과장 없는 실사형식으로 명산을 묘사한 화사畫史** 였습니다. 이런 그의 화풍은 온전히 집안 내력입니다. 정수영은 정인지의 직계후손으로 〈동국지도東國地圖〉를 편찬했던 정상기鄭尙驥, 1678~1752의 아들 이었죠. 실측을 목숨처럼 여기던 지리학자 집안이기에 사실 그대로 보여주는 것을 선호했을 것으로 보입니다. 조선 후기 문장가 성해응成海應, 1760~1839은 정수영이 임모한 그림을 감상하고 〈배관 기拜觀記〉를 남겼는데 그림에 은취逸趣가 묻어나고 유려한 표현력 은 사람을 감동시키니, 원본보다 낫다며 호평하기까지 합니다.

정란과 정수영의 예에서 보듯 유람을 통한 우리 국토의 관심 은 지도 변화에서도 감지됩니다. 조선 전기에는 통치 수단으로

정수영 〈해산첩〉 국립중앙박물관 소장본

휴대용 조선 팔도 지도 채색필사본
절첩본折帖本. 표지 2장과 지도 11장으로 이루어져 있다.
국립민속박물관 소장본

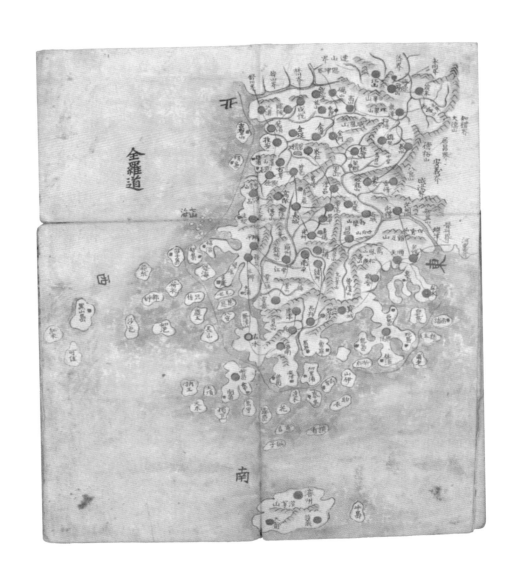

관찬 지도가 주로 편찬되었는데, 조선 후기에는 여행자들을 위한 수진본의 민간 지도가 대거 출현합니다. 여행에는 사전지식이 필요했기 때문입니다. 지도는 보는 것이 아니라 읽는 것이라는 말이 있듯이 여행자의 지도에는 각 군현의 크기와 거리 그리고 역참의 유무 등이 상세히 기록되어 있어 편의성이 현대의 지도와 다름없을 정도입니다.

조선 후기 문인 유만주는 지도에 관심이 많았습니다. 이웃에 살던 지도 제작자들을 찾아다니며 지도를 감상한 기록을 일기 《흠영欽英》에 남기기도 했습니다. 이처럼 조선 후기에는 지도 제작이 활발히 이루어지고 있었습니다. 조선 후기 중요 유물 중 하나인 고산자 김정호의 《대동여지도》 역시 갑작스럽게 출현한 것은 아니었습니다. 이전부터 꾸준히 제작된 공·사찬 형식의 지도가 바탕이 되었던 것이죠. 국가 기밀이나 다름없던 지도가 우리 예상과 다르게, 관의 간섭 없이 편찬될 수 있었던 것은 유만주의 예에서 보듯 사대부들의 긍정적인 관심과 인식이 있어서 가능했을 터입니다.

일제 침략기에는 일본인들이 조선 지도에 관심을 보였습니다. 일본을 동양의 패자로 만들어준 러일 전쟁 전승지를 둘러보기를 원했던 것이죠. 1906년 일본 군부는 《오사카 아사히신문》과 《도쿄 아사히신문》를 통해 최초로 한국과 만주를 여행할 수 있는 '만한순유'라는 관광 상품을 개발하고 일본인들에게 제국주의의 정당성을 설파하기 시작했습니다. 인기 관광지가 된 조선은 일본 학생들의 수학 여행지로 발돋움하였고, 좋든 싫든 타국의 외인에게 정보를 제공해 줄 지도가 필요하게 된 셈이니, 이 무렵부터 유람객을 위한 관광지도가 등장하기 시작합니다.

인사동은 외국 관광객들이 자주 찾는 명소 중 하나입니다. 지금도 그렇지만 일제강점기 당시에도 외국인들이 가장 많이 찾던 곳이 바로 인사동이었습니다. 인사동은 본래 관인방寬仁坊이란 행정구역에 속하는 사동寺洞이었습니다. 일제에 의해 관인방의 '인'자와 사동의 '사'자를 합쳐 인사동이 되었습니다. '절골'로도 불린 사동은 조선 후기 안동 김씨 세도정치의 발판을 만든 영안 부원군 김조순과 하옥 김좌근의 집이 있던 곳으로도 알려져 있습니다. 경화 사족 가운데서 벌열 가문의 수장들이 살았던 곳이니, 이곳은 바로 서울 중심지였을 터입니다.

지금 소개할 지도는 1939년에 발행된 〈경성관광안내도〉입니다. 이 관광지도에서도 서울의 중심은 바로 인사동이 소재한 종로였습니다. 80년 가까이 된 이 낡은 지도는 일본어로 제작되었다는 사실이 알려주듯 온전히 일본인을 위한 것입니다. 택시를 타고 관광할 수 있는 경성京城의 명소들을 알려주고 있습니다. 놀랍게도 당시 육조거리와 종로 주변이 지금과 다를 것이 없습니다. 과연 일본인들은 식민지 조선을 관광하면서 무엇을 보고 들었을까요? 한국인으로서 궁금하기가 이를 때 없습니다.

주지해야 할 사실이 있다면 근대관광의 개념은 제국주의와 밀접하게 연관되었다는 점입니다. 1841년 영국인 토마스 쿡이란 사람이 관광객 500여 명을 모아 레스터에서 러프보로까지 기차여행을 상품화했습니다. 학계에서는 이를 근대 관광의 시초로 보고 있습니다. 이 여행의 성공으로 토마스 쿡은 1845년 토마스 쿡 앤 선Thomas Cook & Son이라는 여행사를 설립했습니다. 영국 해외 식민지를 관광할 수 있는 패키지 상품을 내놓았고 상당한 인기를 끌었다고 합니다.

　식민지 시절의 경성관광도 이 범주를 벗어나지 않습니다. 근대 사학자들은 1933년 조선총독 사이토 마코토가 경성관광협회京城 觀光協會라는 반관반민의 관변단체를 설립했고 일본인들에게 서울의 근대화 시설을 둘러보도록 했다고 합니다. 일본이 조선을 개화시켰다는 것을 선전하는 통치의 일환인 셈입니다. 1910년 일본에 의해 강제 합병된 이후, 조선의 중심지 경성은 근대적 도시로 변모합니다. 대한제국 시절 광무개혁으로부터 시작해서 소공동 은행 거리, 전차 부설 및 전화, 전신 사업 등 가시의 성과도 있었지만, 사실상 이 땅의 근대화는 한일병탄으로 미완의 작업이 되어버렸습니다. 나머지 작업은 총독부가 주동이 되어 식민지 통치를 위한 기반시설을 마련하는 데 힘썼습니다.

　그 중심에는 혼마치本町, 충무로 일대와 메이지마치明治町, 명동가 있습니다. 총독부는 조선 귀족이자 경화 세족이 없던 남촌 주변에 집중적으로 일본인 거주지를 조성했습니다. 이곳은 마치 일본 본토를 옮겨놓은 듯 화려한 도심을 이루었다고 합니다. 근대문명에 심취한 조선의 모던 보이, 모던 걸들이 이곳을 배회하며, 유흥을 즐기고 희멀건 욕구를 배설한 것은 이상한 일이 아니었습니다.

　근대도시로 변모한 경성을 관광하던 일본인들은 무엇을 보고 즐겼을까요? 일본을 옮겨놓은 듯한 남대문 거리는 향촌에서 올

〈경성명승관광안내도〉
경성자동차교통주식회사에서 발행한 책자이다. 일본인 여성을 위해 경성의
명소를 중심으로 택시 관광 코스를 안내하고 있다. **필자 소장본**

式に用ひられる四十餘種の樂器が保
存されて居ります。

◆昌慶苑
李王家が京城府民の爲開放された御
苑の一部お茲内には動物園、植物園
が御座ます、春の櫻を紡ぐ四季
の眺めせぬ名處で御座ます。

◆景福宮
李朝最初の宮殿で御座ますが
數度の兵火に遭ひ今は礎に死燼に帰
して其餘の遺物が今に至つて
再建されたもの英傑大院君によつて
慶會樓等を誇り朝鮮總督府がこの
宮室内に御座ます。

◆パゴダ公園
元圓覺寺の跡で御座ますして、有名
なる十三層の寶木の塔が御座るので
其英語の通稱「パゴダ」から斯樣に
名付けられて居ります。

◆博文寺
伊藤博文公の菩提寺で御座ります、
宗旨は曹洞宗、鎌倉時代に造られ
た鐵筋コンクリート造のお寺で御座
ます。

◆獎忠壇公園
古くは李朝の忠臣達を祀つた所で御
座ますが今では一般に開放され
府民の爲め書園地になつて居り
ます。

◆遠藤公園
朝鮮銀行より候城台に至る所中間
一帯を遠藤公園と稱し、府民の良き
散策地で御座ます、こゝには又の名
數寄屋と申します。

◆朝鮮神宮
大正九年起工國幣大社の日子で貳百
萬圓の巨費を投じて島根縣より守神
として山中に奉遷致し地に造管す
る。

◆京城神社

087
086

라와 서울 구경하던 조선인에게나 선망의 대상이 된 것은 분명한 사실입니다. 일본의 내지인들 역시 조선 땅에 이식한 일본의 근대적 시설들을 감상하며 일등인의 자부심을 느꼈을까요? 이제 경성관광안내도에 소개된 명소들을 살펴봅시다.

그런데 명소라는 것들이 앞서 언급한 근대시설과는 거리가 멀어 보입니다. 기존 연구자들은 경성관광을 식민지 근대화를 홍보하기 위한 통치 수단으로 여겼지만, 실제 자료들을 접한 결과는 이와 달라서 당황스럽습니다. 일본인들이 유람한 코스는 경복궁의 경회루, 경학원의 대성전 등 고색창연한 유적이었습니다. 박문사, 남산 조선신궁 등 경성의 일본 관련 유적도 보입니다. 그렇다면 과연 일본인들은 타국의 이채로운 문물을 고즈넉이 감상하고 순례하던 점잖은 민족이었을까요?

또 다른 경성관광안내도는 앞서 언급했던 일본인의 아정雅正, 우아하고 바름한 분위기를 깨뜨리고 있어 이목을 끕니다. 다름 아니라, 경성 유흥가를 소개하고 이름 높은 기생들의 얼굴을 싣고서는 이를 홍보하고 있었기 때문입니다. 당시 유명한 요릿집은 기생조합과 계약을 맺고 〈초일기萃日記〉라는 기생명단을 받아 기생놀음을 중개하였다고 합니다.

기생이 나오는 경성 요릿집은 일본 남성에게는 매우 인기 있는 관광 상품이었습니다. 한국식 교자상에 20가지가 넘는 조선 요리를 푸짐하게 차려낸 진수성찬은 질적으로나 양적으로나 관광객의 환심을 사기 충분했죠. 특히, 남대문 근처에 있던 식도원은 조선 제일의 요리집인 명월관과 쌍벽을 이룬 곳이었는데, 한

식을 즐기며 기생의 장구춤을 구경할 수 있는 요리 코스는 으뜸이었다고 합니다. 앞서 언급한 택시 관광은 일본인 여성과 아이들을 위한 것이고, 기생관광은 일본 남성들의 전유물이었을 것입니다.

오해하지 말아야 할 것이 있다면, 조선시대만 해도 기생들은 종합예술인이었다는 점입니다. 노래와 춤에 능한 것은 물론이요, 시·서·화에도 일가견이 있었습니다. 조선 후기 문인 김창협이 쓴 《연행일기燕行日記》엔 가무歌舞에 능한 기생들이 여럿 등장합니다. 잠시 시대를 거스르는 이야기이지만 소개하고자 합니다.

안동 김씨 문객 김창협은 큰형 김창업을 따라 청나라를 방문했는데, 사행길 내내 북변의 여러 고을에서 큰 대접을 받습니다. 평양에 도착하자 이곳 기생 사금私金이 노래를 잘 부른다는 말을 듣고 김창협은 그녀를 불러내었지요. 그런데 무슨 일인지 사금은 목이 아프다는 핑계로 두어 곡만 부르고 그만두었습니다. 이런 기생의 행태가 마음에 안 들었는지 김창협은 그녀를 두고 가증스럽다는 말을 던지기도 합니다. 명품 소리를 기대하고 불렀는데 일개 기생이 퇴짜를 놓았으니 황당할 만도 했습니다. 일류 양반을 두고 도도하게 굴던 사금에겐 도대체 어떤 '빽'이 있었던 것일까요? 알고 보니 그녀에겐 퇴임 감사의 아들을 정인情人으로 두고 있었습니다.

또 다른 고을인 안주安州에 이르러 김창협은 백상루百祥樓에 올랐는데, 이곳은 효종이 봉림대군 시절 심양에서 볼모로 잡혀갔다가 돌아오던 길에 들른 정자였습니다. 이때 효종이 술을 마시고

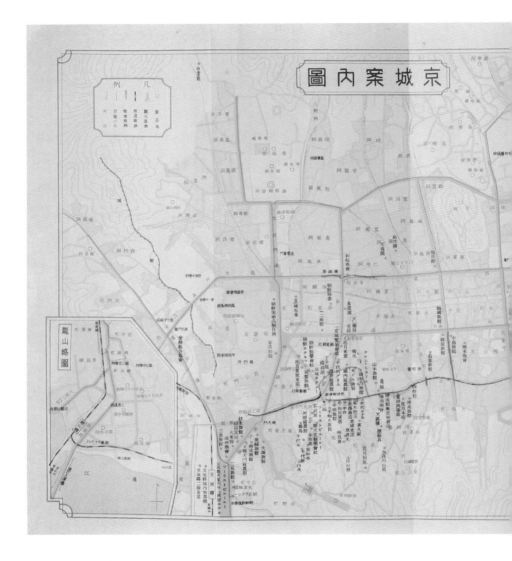

경성관광안내도와 '경성 명화'

쇼와昭和 9년(1934) 8월 1일 경성관광협회 발행. 경성의 명소와 풍속, 기생, 안내도, 경성관광협회 지원사항과 숙소 요금, 기념품 가격 등이 인쇄되어 있다. '명화名花'는 기생을 아름다운 꽃에 비유한 은유적 표현이다. **국립민속박물관 소장본**

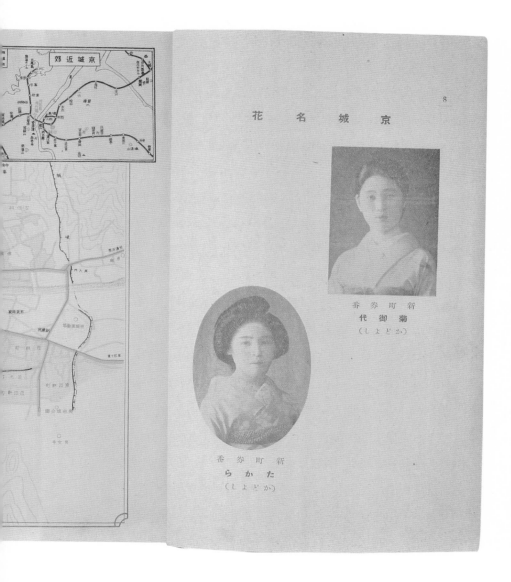

京城名花

新町参番
菊御代
（かどよし）

新町参番
たから
（かどよし）

京城近郊

얼큰해지자 갑자기 일어나 춤을 추었습니다. 꿈에도 그립던 고향 땅으로 돌아왔으니, 춤사위가 절로 날만 했습니다. 대군은 기생들을 돌아보며 손짓으로 맞춤을 제안합니다. 그런데 감히 명령을 받드는 기생이 없었지요. 분위기가 싸늘해지는 그때, 한 기생이 일어나 대군과 맞춤을 추었습니다. 효종이 호탕하게 웃으며 기뻐했으니, 천한 기생 하나가 안주 고을을 구한 셈입니다. 김창협은 안주에 도착하자마자 이 재치 있는 기생을 만나보고자 동분서주하였습니다. 그러나 이미 죽고 없다는 말을 듣자 크게 상심하고 맙니다.

이 땅의 기생들은 예부터 노래도 잘 부르고 춤도 잘 춘 여인들이었습니다. 시대가 흘러도 그 재주는 변할 리가 없습니다. 일제 강점기 들어서도 상류 기생은 지금의 연예인과 같이 큰 인기를 얻고서는 일본으로 유학까지 다녀옵니다. 그중 대표적인 기생이 왕수복이었습니다. 1937년 도쿄유학을 다녀왔으며, 해방 이후 북한에서 공훈 배우로 이름을 날렸습니다. 이런 기생들은 사회적으로 선망의 대상이었습니다.

문제는 인기 없던 하류 기생인 '창기'들입니다. 이들은 생계유지를 위해 공식적으로 매음행위를 하였는데 이것은 조선총독부가 일본식 유곽 제도를 조선에 이식하여 발생한 왜곡된 유흥문화였던 것이죠. 결국 기생들의 매음 문화는 언론과 기독교단체의 비판을 받으며 권번 기생 폐지론이 부상하기도 했다고 합니다.

나라를 되찾고 일본인이 물러가자, 미국인이 이 땅에 들어왔습니다. 기독교 문명이 본격적으로 도래하면서 이전에 성행했던 일

CONTENTS   PAGE

Taeyoung
  #59 Yewondong .... SC 3-3608

Department Stores:

New World Department Store
  #52 1-ka Choongmooro .... SC 3-2180

Midopa Department Store
  #123 2-ka Namdemoonro .... SC 2-6395

Sinsin Department Store
  #93 1-ka Chongro .... SC 73-5216

Dry Cleaning:

  KMAG Cleaner's

— 12 —

미국인들을 위한 60년대 서울 안내지도
남대문, 백탑 등의 도안이 서울 상징으로 묘사되어 있다. 필자구장본

**종로를 중심으로 그려진
1960년대 서울 약도**
약도라고 하지만, 빈 사각형
공터들이 왠지 당시의 가난한
시절의 서울을 알려주는 듯하다.

본식 기생 관광과 같은 노골적인 유흥지도는 사라집니다. 대신, 미국인을 위한 서울 안내지도가 출현하지요.

이 지도는 1960년대 미국의 어느 종교단체에서 만든 서울 관광 안내지도입니다. 이 팸플릿에서는 이전과 다른 관광 형태가 나타났음을 감지할 수 있습니다. 일제강점기 시절의 고궁이나 고적 관광 행태에서 현대와 유사한 쇼핑 위주의 행태로 변모했다는 점이죠.

물론 전과 변함없는 구석도 있습니다. 바로 서울의 심장부인 종로입니다. 이 안내서에 실려 있는 종로 중심의 약도가 이를 대변합니다. 일제강점기에 만들어진 예전 관광지도와 비교해도 크게 변함이 없습니다. 당시 가난한 살림을 알려주는 듯, 서울의 랜드마크로 그려진 건물들은 지도상에 잘 보이지도 않습니다.

천하가 안정되고 경제적인 풍요로 등장한 18세기 유람遊覽 열풍, 1930년 일본인을 위한 경성의 고적과 기생 관광, 1960년대 미국의 어느 종교단체가 제작한 서울 안내도를 통해 시대와 더불어 변모하고 있던 관광의 모습을 추적해보았습니다.

이번 에피소드를 통해 알 수 있었던 것은 관광의 본질은 지배하는 자 또는 가진 자들의 유희였다는 사실입니다. 제가 소개해드린 지도의 이용자들은 양반 사대부, 일본인, 미국인이었으니까요. 첫머리에서 말씀드리는 것처럼, 여행은 유산자들이 즐기던 일종의 소비 행위였던 게 역사적인 사실로 드러난 셈입니다.

9   400년 전의
컬러 인쇄,
《십죽재서화보》 이야기

18세기 사대부 화가 표암 강세황姜世晃은 정조
시절에 예원藝苑*의 종주로 군림했습니다. 미술을 사랑한 강세황
덕분에 진경산수와 풍속화풍이 조선에 더욱 유행했었죠. 그의 문
하에서 단원 김홍도와 자하 신위라는 걸출한 인물도 배출되었습
니다. 그가 활동하던 18세기는 대전환의 시대였습니다. 명말 청
초의 문인들 저작이 조선으로 대거 유입되며 예상치 못한 변화
가 시작되었기 때문입니다. 조선 사대부 사이에서 패사 소품체稗
史小品體**가 유행해 군자적 풍모는 사라지고 개인적인 감정이 드
러나기 시작했다고 합니다. 그래서 교훈을 담은 전아典雅한 문체
보단 퇴폐미 가득한 위미委靡한 문체가 유행했지요. 또, 천하가 안
정되어 평화가 찾아오고 경제적인 풍요가 바탕이 되자 산수山水
와 화조花鳥를 감상하려는 귀족적 풍조도 성행했습니다. 이런 분
위기를 타고서 중국에서 제작된 화보들이 조선에 대량 유입되었
습니다.

•
예술의 동산이라는 뜻
으로 예술가들의 사회
를 이르는 말이다.

••
일화나 야사를 담은 창
작 성격의 글

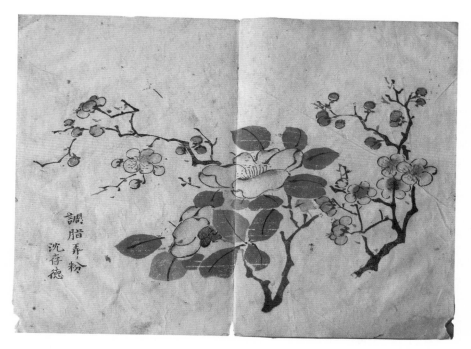

심존덕의 〈조지농분〉
《십죽재서화보》매보梅譜편 가운데 하나로, '물감으로 화장한다調脂弄粉'는 말로
매화의 어여쁜 외모를 은유했다. 목판으로 제작된 컬러 인쇄물인데, 이러한
화보류는 조선에 대거 유입되어 화풍을 변화시키는 데 커다란 영향을 주었다.
옥산자 서실 소장본

400년 전 원화로 인쇄된 서화 모음집

표암 강세황도 중국에서 수입된 화보로 그림을 익혔는데 대표적인 화보가《십죽재서화보十竹齋書畫譜》입니다. 이《십죽재서화보》는 정말 특이합니다. '두판채색투인餖板彩色套印' 기법으로 컬러 인쇄된 판화이기 때문입니다. 이는 목판 여러 개를 색깔별로 나눈 다음, 순서에 따라 판을 찍어 채색의 농담을 주는 방식입니다. 그래서 원화와 다름없는 표현들이 우리의 눈을 즐겁게 합니다. 게다가 멋드러진 시들이 함께 있어 더욱 아름답습니다.

《십죽재서화보》의 인쇄기술은 아직도 중국에서 자주 사용된다고 하니 당시 명나라 기술력이 대단하긴 했나 봅니다. 이런 명나라의 기술은 어디에서부터 비롯된 것일까요? 이를 알기 위해선 우선 중국 문인들의 속성을 들여다보아야 합니다.

《십죽재서화보》를 제작한 호정언胡正言은 강남의 문사인 동시에 출판인쇄업자였습니다. 문인이기도 한 그가 상업 활동에도 종사했다는 점은 우리의 시각으로는 어색합니다. 사농공상士農工商으로 구분된 신분 사회에서 선비가 상업에 종사한다는 사실 자체가 우리의 상식과는 거리가 있기 때문입니다. 이것은 단지 한국인의 선입견일 뿐입니다. 중국의 선비들은 조선의 선비와 달리 저울을 몸에 지니고 다니며 흥정과 이익에 노련한 부류들이었습니다. 특히 상업이 발달한 강남 지역에선 장사에 종사하며 부를 쌓고 과업을 익혀 중앙으로 진출하던 관료 출신들이 많았지요. 호정언도 그런 인물입니다. 벼슬이 중서사인中書舍人에 이르렀던 그는, 금릉 계룡산 근처 십죽재에 은거하면서 시문과 육예를 익

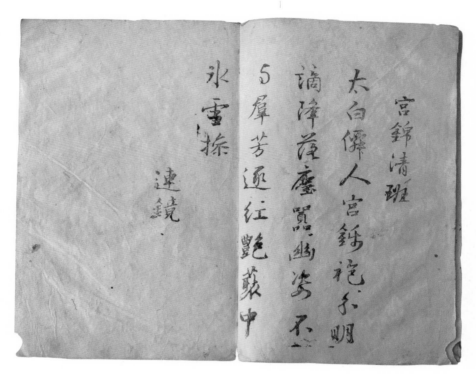

궁금청반을 소재로 한 연경의 매화시

궁금청반宮錦淸斑은 비단옷을 입은 귀한 사람이란 뜻인데, 연경은 그의 시에서 이를 인간
세상으로 유배 온 신선으로 묘사하고 있다. 옥산자 서실 소장본

임금님이 내려주신 비단옷 입은 태백 선인은

세속으로 귀향 온 적객이 분명하구나

그윽한 자태로 꽃들과 어울리지 않아 내쫓겼어도

붉은 꽃 어지러이 빙설의 지조만은 잃지 않았네

〈궁금청반〉, 연경 連鏡

했습니다. 비단과 먹을 제조하는 데 일가견이 있었고, 특히 인쇄술에 관심이 많아 출판업에 뛰어들었던 것입니다.

호정언은 인쇄술에 정통한 공장工匠 10명을 고용하고 있었는데 그는 이들을 한낱 장인으로 취급하지 않았습니다. 지금의 마이스터Meister처럼 서로를 존중하며 우대하였고 밤낮을 같이 했습니다. 그들과 10년 동안 연구하고 토론하였더니 인쇄 기법이 더욱 정밀해지고 교묘해졌다고 하지요.

이런 경향은 일본에서도 발견됩니다. 일본은 조선과 달리 유학자를 위한 과거시험이 없었습니다. 그래서 일본 유학자들은 생계 방편을 강구해야만 했습니다. 글을 아는 문사로서 책에 관련된 일에 종사하는 것보다 나은 선택은 없을 것입니다. 그 가운데 하나가 바로 출판인쇄업이었습니다. 17세기 들어 일본에서는 200여 명의 유학자 겸 출판업자들이 경쟁하다 보니 인쇄와 출판 기술은 세련될 수밖에 없었습니다. 이 때문에 일본 에도시대를 '서물書物의 시대'라고 부를 만큼 당대 일본에는 출판인쇄 문화가 무척 발달하였다고 합니다. 장인에 대한 높은 존경과 함께 상품을 자유롭게 사고팔 수 있는 경쟁 시장이 형성되다 보니, 기술은 더욱 교묘해지고 세련되어 사람들의 돈주머니를 풀어낸 것입니다. 이렇듯이 중국과 일본에는 조선과 다르게 상업과 문화가 적절히 융화된 상품시장이 있었고, 이것이 기술의 발전을 이끌었습니다.

18세기 조선의 예단 종주宗主 강세황

다시 18세기 조선으로 돌아가봅시다. 그림 교본이던 《당시唐時화보》《십죽재서화보》의 유입으로 이 땅의 문사들은 화보를 열심히 습작했습니다. 그 가운데 가장 유명한 문인이 표암 강세황입니다. 강세황은 젊은 시절 과거 공부를 포기하고 처가가 있던 안산에서 시서화를 익혔습니다. 조선 사대부가 관직에 나가는 일을 접어둔다는 것은 웬만한 결심이 아니면 할 수 없는 일입니다. 그렇다면 강세황은 무엇 때문에 출세를 포기하고 그림으로 세월을 허송했을까요?

강세황의 당색은 소북小北이었습니다. 영창대군을 지지하던 소북은 광해군을 지지하던 대북大北과 함께 북인 계열로 묶입니다. 북인은 동인에서 나온 당파세력입니다. 동인은 선조 시절 서인 계열 정여립의 난을 두고 강경한 처벌을 주장한 북인과 온건한 처벌을 주장한 남인으로 구분됩니다. 인조반정으로 광해 정권이 무너지자 핵심세력인 대북은 몰락하고, 그나마 살아남은 야당 세력이 남인과 소북이었지요. 남아 있던 소북들도 대부분 남인으로 당적을 옮겨서, 이후에는 그 존재가 미미했다고 합니다. 다행히 강세황의 아버지 강현은 숙종의 지우를 얻고, 대제학이 되어 문형文衡*의 권력을 손에 넣습니다.

하지만 골치 아픈 일이 벌어집니다. 대제학 강현이 아들 강세윤을 급제시키려고 부정을 저질렀는데 이 때문에 관직에서 내쫓긴 신세가 되었지요. 과거시험 부정 혐의는 그 가문의 위상과도 직결되는 문제입니다. 일반 정치적인 사건과 확연히 구별되는 윤

대제학의 별칭

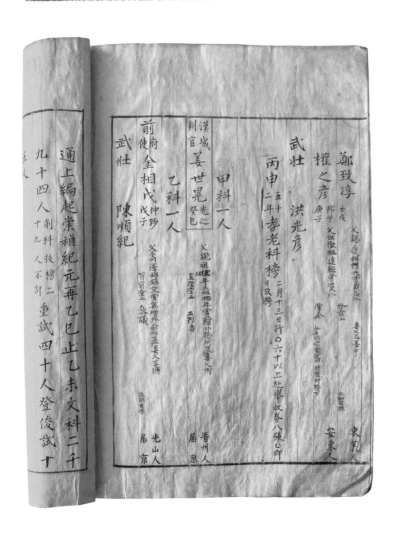

표암 강세황의 급제 기록이 실린 《등과록登科錄》

1776년 2월 13일, 영조 임금은 60세가 넘은 노인을 대상으로 문무과 시험을 보았다. 답안지는 8장이 들어왔는데, 당일 날 합격자를 발표했다. 강세황은 시험에서 장원급제 하여 곧바로 당상관으로 승진했다. 옥산자 서실 소장본

리적 범죄로 치부되는 것이죠. 다행히, 숙종의 배려로 다시 관직에 오른 강현은 전날의 과오를 만회하려는 듯 경종이 등극하자 노론老論을 몰아내는 데 선봉에 섰습니다. 그러나 노론세력을 기반으로 한 영조가 왕위에 올라 세상이 바뀌자 다시 노론의 공격을 받고서는 귀양을 가게 됩니다. 설상가상으로 아들 강세윤은 1728년 영조를 쫓아내려 했던 이인좌의 난에 연루됩니다. 이런 정치적 격변 가운데서 강세황은 강현의 막내아들로 태어나는데요. 소론인 그는 노론 세상에서 출세의 희망을 포기할 수밖에 없었습니다.

하지만 70세 노년의 강태공이 주나라 문왕을 만나 관직에 오르듯, 61세 강세황에게도 한 줄기 빛이 찾아옵니다. 탕평책을 추진한 영조가 기구과耆耈科*를 설치하여, 늙은 선비에게 과거시험을 보게 했는데 여기서 강세황이 장원급제를 한 것입니다. 이 사실은《조선왕조실록》에도 실려 있습니다.

임금이 융무당隆武堂에 나아가 문무기구과文武耆耈科를 만들어 실시하였는데, 왕세손이 옆에서 임금을 모셨다. 강세황姜世晃 · 김상무金相戊 두 사람을 뽑아 모두 가자加資, 품계를 더해줌하였다. 임금이 집경당集慶堂에 나아가 그날로 방방放榜** 하니, 왕세손이 백관百官을 거느리고서 축하를 드렸다. 임금이 친히 치사전문致詞箋文을 지었는데 '수성壽星*** 이 이제 비추니 황발黃髮****이 등용되었다'라고 하였다.

《영조실록》127권, 영조 52년 2월 13일 을묘 3번째 기사

*
1776년 영조가 60세 이상의 노인들만 치를 수 있도록 설치한 임시 시험이었다.

**
조선 때 과거에 급제한 사람에게 합격 증서를 주던 일. 문무과의 대과에 합격한 사람에게는 홍패(紅牌)를, 소과에 합격한 사람에게는 백패(白牌)를 내려주었다.

***
수명을 관장하는 별이다.

****
70~80세의 노인.

조선에 유행한 매화 그림과 매화시

강세황은 매화 그림을 잘 치기로 소문이 난 인물입니다. 매화는 매·난·국·죽의 사군자 가운데 하나로 유학자의 품성을 잘 드러낸다고 하여 조선의 선비들이 즐겨 그렸지요. 그런데 사군자 그림이 동양화의 대표주제가 된 것은 의외로 그 역사가 깊지 않습니다. 명나라 말기인 16세기에 비로소 사군자라는 개념이 탄생하였습니다. 1620년 《매죽난국사보梅竹蘭菊四譜》라는 책에서 이 네 가지 소재를 그리는 화법을 최초로 소개하고 있다고 합니다.

송나라의 은둔 시인이었던 임포 역시 매화에 대한 애착이 컸던 인물입니다. 그는 산에다 매화를 심어놓고서는 무려 20년 동안 세상에 나가지 않고 은거하였습니다. 그래서 그의 시에는 매화와 관련된 것들이 많습니다.

당나라 시절부터 매화 애호가들이 출현하였지만 매화 시인 임포가 활약하던 송나라 때 그 절정을 이룹니다. 매화를 치는 기법이나 사상을 담은 〈매화보〉가 이 시기에 발간되었다고 합니다. 이러한 추세는 사군자 개념이 정립된 명·청 시절에 이르러서야 여러 종류의 서화보가 조선에 수입되어 큰 영향을 주었던 것이죠. 청년 강세황이 열심히 습작한 작품 중 하나가 사진에 보이는 〈매화도〉입니다. 여기에는 앞서 언급한 송나라 시인 임포의 〈산원소매〉에서 가져온 '은은한 매화 향기는 어스름한 달에 머물렀구나暗香浮動月黃昏'라는 구절이 보입니다. 이 영매시는 매화를 묘사하는 하나의 바이블 같은 존재입니다.

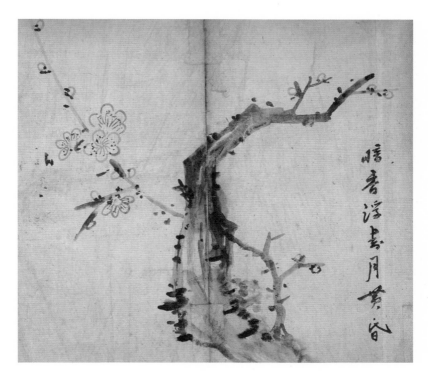

강세황의 〈매화도〉
'암향부동월황혼暗香浮動月黃昏'이라는 유명한 매화시 구절이 보인다. 개인소장본

疎影橫斜水淸淺　성긴 그림자 옆으로 비낀 물은 잔잔한데
暗香浮動黃昏月　은은한 매화 향기는 어스름한 달에 머물렀구나

　　이 구절은 많은 이들에게 영감을 주었습니다. 그리고 임포를
모방한 영매시를 탄생시켰으니 퇴계 이황은 자신의 〈도산월야영
매陶山月夜詠梅〉에서 다음과 같이 매화를 찬양했습니다.

홀로 산창에 기대서니, 밤기운만 차디찬데

매화나무 가지 끝엔 둥근달 솟아올랐네

구태여, 다시 부르지 않아도 산들바람은 일러오니

저절로 피어나는 맑은 향, 뜨락에 가득하다네

또, 조선 후기 시조 시인 안민형은 〈매화사〉에서 다음과 같이 매화를 사람처럼 묘사하고 사랑했습니다.

연약하고 엉성한 가지이기에, 내 믿지 아니하였더니

눈 올 적 피겠다던 약속 능히 지켜, 두세 송이 피었구나

초 잡고 너를 가까이 사랑할 때 그윽한 향기마저 방안에 머물렀네

매화 그림을 둘러두고 보던 표암 또한 매화시를 남기지 않을 리 없습니다. 그의 친구 박동형 역시 매화를 애정하여 〈매화십영 梅花十詠〉이라는 영매시를 남겼는데, 강세황이 이에 화답한 시가 전하고 있습니다.

군와분의 매화와 낙옹^{박동형}이 심은 매화

두 나무 가운데 누구 것이 가장 기이하다고 논하기를 멈추네

대지팡이 짚고, 자주 오가는 일 싫지 않으니

꽃나무 시들기 전에 또 시 지어보세

《십죽재서화보》 가운데 〈매보〉 한 권

시 하나 그림 하나 있어서, 가장 기이하다 일컫네

낙옹은 나무 한 그루에 열 편의 시를 읊었으니

그림 비록 기이하나, 이런 시도 예전엔 없었다네

매화는 아름답고, 은일하며, 향기가 맑아서 마치 기이하고 고상한 존재와 같습니다. 그래서 선비들의 사랑을 받았습니다. 또, 중국의 서화가인 오빈은 《십죽재서화보》에 매화를 그려 넣고서 '궁금청반宮錦淸班●'이라는 넉 자를 살며시 덧붙였습니다. 여기서 궁금청반은 당나라 시인 이백을 상징하는 표현입니다. 이백의 지조와 절개를 높이 여겨 궁금청반에 비유한 것입니다. 매화가 동아시아 한자문화권에서 어떤 존재로 자리매김하고 있는지 알 수 있는 예시입니다. 매화를 애호한다는 것은 성인군자처럼 은둔과 절제를 지향하기도 하지만, 그와 동시에 지조 있는 선비를 상징하는 표현물이었던 셈입니다.

한편, 표암의 제자였던 자하 신위는 그의 문집인 《경수당전고警修堂全藁》에 표암이 《십죽재서화보》를 참고해 매화를 따라 그렸다는 사실과 함께, 자신도 이를 모방하고는 만족했던 경험을 남겨 놓고 있습니다.

지난해 가을, 내가 형조 참판에서 물러났기에 한가로이 지냈는데, 빛이 잘 들어놓은 창가에 깨끗한 책상을 꾸며 놓고 붓을 들어 그림을 그렸었다.

특별히 표옹·강세황이 십죽재의 국화와 매화 두 부를 임모한 것을 내가 좋아해서 한번 시험 삼아 견주어 보았는데, 열 손가락이 퉁기듯이 마

● 궁금(宮錦)은 황제가 하사한 금의를 가리킨다. 당나라 시인 이백(李白)이 황제가 하사한 금포(錦袍)를 입은 것에서 유래한 듯하다.《舊唐書文苑傳下 李白》

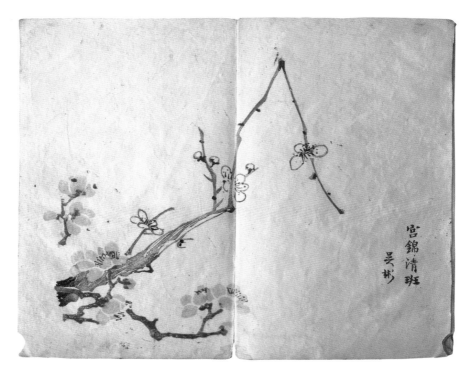

오빈의 〈궁금청반〉

명나라 화가 오빈은 당나라 시인 이백을 매화 그림으로 묘사했다.
그리고 궁금청반이라는 이름을 적어넣었다. **옥산자 서실 소장본**

치 깨달은 바가 있는 것 같았다. 드디어 표옹께서 임모함에 미치지 못한 곳까지 내가 이르렀던 것이다.

신위의 붓놀림은 마치 열 손가락이 거문고 줄을 뜯어내듯 거침이 없었나 봅니다. 게다가 완성된 그림 역시 스승인 표암의 것보다 한 수 위였습니다. 스승이 넘보지 못한 곳까지 내가 이르렀노라며 제자가 스승을 앞선 자신감을 드러냈지요. 자화자찬의 글에서는 말 그대로 '청출어람'의 뜻이 보이지만 '군사부일체'라는 유교적 이념을 떠올려보면 과연 이런 표현이 가능한지 의아스럽게 여길 분들이 계실지 모르겠습니다. 사실 이 글은 신위가 자기 아들에게 쓴 것입니다. 아버지의 권위를 지키고 싶었던 신위를 생각해보면 이해가 되는 표현이기도 합니다.

뜻밖의 발견, 조선 서책의 우수함

표암 집안에는 표암이 그림 교과서로 쓰던 중국의 《십죽재서화보》 《당시화보唐詩畵譜》 《고씨화보顧氏畵譜》 등을 아직까지 보관하고 있습니다. 물건은 흩어지기 쉬운 법인데, 자손이 현명하여 끝까지 지켜낸 것이죠. 표암의 《십죽재서화보》는 저 역시 소장하고 있습니다. 아쉽게도 호정언이 처음 편찬했던 초간본은 아닙니다. 이 서화보는 너무나도 유명해서 여러 차례 중간되었습니다. 그럴 때마다 문구가 추가되거나 빠지기도 하고 화보의 순서도 많이 뒤바뀐 듯합니다.

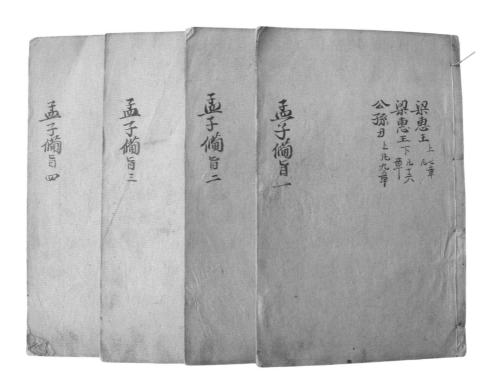

청나라 서적《맹자비지》4책 완질본
중국과 일본은 4침 안정법을 사용해 책을 묶었다.
5침으로 묶었던 우리나라와 달리 그 강도가 약해서 책이 잘 찢어졌다.
옥산자 서실 소장본

필자의 《십죽재서화보》도 초간본과는 인쇄 상태도 다르고, 순서도 뒤죽박죽입니다. 시중에 유통되는 것은 무척 소량인데 우연히도 제 손에 넣게 되었으니 행운이라고 할 만합니다.

이런 중국 서적을 대할 때마다 필자는 우리나라 서적의 우수성을 새삼 깨닫습니다. 중국의 서적은 죽지竹紙로 만들었는데, 한지韓紙보다도 벗겨짐이 심해 보관하는 데 문제가 많기 때문이죠. 또, 4침 안정법을 사용하여 잘 찢어지기도 합니다. 중국과 달리, 조선은 튼튼한 5침 안정법을 사용하여 제본했습니다. 책에다가 구멍을 다섯 군데 뚫고선 단단한 명주실을 꿰어 만들었습니다. 그래서 어떤 이들은 중국이나 일본 서적을 구매한 다음, 다시 조선식으로 표지를 개장하였습니다. 그 강도가 한·중·일 삼국 중에 으뜸이었기 때문입니다.

1777년 정조는 당대 최고의 백과사전인 《고금도서집성古今図書集成》이라는 거질巨帙의 책을 청나라에서 수입하고 이를 다시 조선식으로 개장했습니다. 동양에서는 백과사전을 유서라고 불렀습니다. 책이 들어오자마자, 임금의 명령으로 책의 개장 작업이 시작됩니다. 앞서 말한 것처럼 중국의 책은 그 질이 형편없었기 때문에 표지를 조선식으로 제본했던 것이죠. 작업은 쉬운 일이 아니었습니다. 《고금도서집성》의 제첨題簽*은 조윤형이라는 사람이 일일이 손으로 적었는데요. 무려 40일이나 걸렸다고 합니다. 5,020책의 표지에 《도서집성》 네 글자를 적어야만 했으니, 그 고통이 실로 대단했을 것입니다.

책을 제작하는 기술은 전통적으로 동양이 서양보다 우수합니

*
표지에 직접 쓰지 않고 다른 종이쪽지에 써서 앞표지에 붙인 책의 제목을 이르는 말이다.

다. 동양의 고서는 책지冊紙를 반으로 접어 인쇄하고 제본합니다. 보통 이런 방식은 한 면이 찢어지거나 훼손되어도 배접으로 수리가 되지만, 서양의 고서는 종이 한 장에 양면이 인쇄되어 한 면만 훼손되더라도 배면까지 훼손되므로 수리가 동양의 고서보다 어렵고 번거롭습니다.

저도 언젠가 소장하고 있는《십죽재서화보》와 기타 중국 서적을 우리나라식으로 개장하고 싶다는 생각이 절실합니다. 한번씩 들여다볼 때마다 책에서 떨어지는 종이 파편이 너무나 불편하기 때문이죠. 보고 싶은 책을 제대로 감상하지 못하고 외적인 문제에 신경써야 하는 불편함은 책을 사랑하는 분들이라면 충분히 이해하실 겁니다.

화제의 고문서

1777년 조선 정부가 청나라에서 수입한《고금도서집성》의 구매가격은 은자로 2천 1백 50냥이었다. 이를 현재 가격으로 환산해보면 대략 4억 원이었다고 한다.《고금도서집성》이 발간된 때는 1728년이었으니 대략 50년이 지난 시점에서 가져온 것이다. 당시 일본은 나가사키에 1부, 에도에 2부 등 총 3부를 보유하고 있었던 것과 비교해보면, 조선의 최신 학술 동향이 점차 늦어지고 있었던 셈이다.

10 　기생들의 명단, 관비안

　　　　　　조선은 기록을 숭상한 나라입니다. 그것은 훗날을 대비하기 위함입니다. 공적으로는 후손들이 잊지 말아야 할 역사적 사건의 자취를 《조선왕조실록》에 남겨두었습니다. 또, 증빙을 위해 각종 공문서를 생산하기도 했습니다. 민간에서는 뒷일의 분쟁을 막기 위해 소송 문서인 소지, 재산 상속 문서인 분재기, 약속 문서인 수표, 증빙 문서인 명문 등을 소중히 보관해 두기도 했죠.

　여기 소개할 관비안도 이런 증빙류의 문서입니다. 조선 정부는 중앙과 지방을 막론하고 여자 노비의 이름을 기록한 공문서를 작성했습니다. 이를 '관비안官婢案'이라고 불렀지요. 물론 남자 노비들도 수록하여 '관노비안'이라는 이름으로 편찬한 것도 있지만 대개 그 형식은 일정하지 않았던 듯합니다.

　이 시대의 기녀란 원칙적으로 관비만을 가리키는 것이었으므로 이른바 기적妓籍에 오른다고 할 때 이것은 관비안에 실리는 것을 의미합니다. 한번 기적에 오르면 관비 신세로 전락해 늙어서 역을 면제받을 때까지 국가에 봉사해야 했습니다. 태생이 관비의

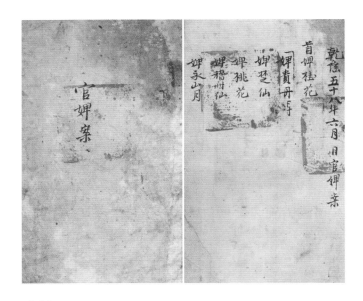

관비안
어느 고을에서 1793년 6월에 작성되었다. 개인 소장본

딸이라서 관비안에 오르기도 하고, 부모가 관가에 팔아서 관비가 되기도 하며, 음란한 자를 관비로 묶어 두기도 했고, 역모로 몰린 사대부 집안의 여자들이 관비가 되기도 했습니다. 이렇듯 관비들이 관비안에 올라가면 관의 허락 없이는 빠져나올 수 없는 법입니다. 옆의 사진에 보이는 것이 바로 관비안입니다. 건륭 58년 6월이라는 기록으로 볼 때 이 관비안은 정조 때인 1793년 6월에 작성되었음을 알 수 있습니다.

주탕비와 급수비로 나뉘던 조선의 관비

관비들 세계에도 계급이 있었나 봅니다. 수비首婢, 우두머리 관비라고 적힌 계화桂花의 이름이 눈에 들어옵니다. 다른 관비들보다 한 뼘 높여 적은 것은 우두머리 기생 계화의 권위를 보여주는 듯합니다. 그 뒤로 귀단, 초선, 도화, 계주선, 영산월이란 이름이 보이는데, 죄다 기생들의 이름이네요.

여기서 주목해야 할 것이 있습니다. 관비들이 주탕비酒湯婢와 수급비水汲婢로 구분된다는 사실입니다. 주탕비는 말 그대로 접대를 목적으로 한 예인집단의 기생입니다. 수급비는 물을 긷거나 음식을 장만하는 등 노동을 주로 하던 관비들입니다.

둘의 차이는 무엇일까요? 그것은 바로 용모와 재주였습니다. 외모가 수려하거나 재주가 뛰어나면 주탕비로 뽑혀 기생들의 교습소인 교방敎坊에 들어가 시문을 읊고 글씨를 쓰며 음악을 배우는 예인의 삶을 익혔습니다. 하지만 외모가 추악하면 몸을 부리는 일을 할 수밖에 없었지요. 물론 예외도 있는 법입니다. 고을 사또의 미움을 받아 주탕비에서 수급비로 전락하는 사례도 보이는데, 그들에게 이보다 가혹한 형벌은 없었습니다. 주탕으로 지내는 것이 수급비로 지내는 것보다 훨씬 한가롭고 금전적으로 풍족했기 때문입니다. 때로 관비들의 삶은 일반 백성들보다도 나았던 거 같습니다. 조선 후기의 문인 유만주는 자신의 일기 《흠영》에 다음과 같은 이야기를 남겼습니다. 관아에서 편히 일하는 관비들의 얼굴은 하얗지만, 밭에서 고생하며 김을 매는 촌가의 여인은 햇볕에 그을려 그렇지 못하다는 개인적인 감상을 토로하기도 했지요.

사신을 접대하고, 군관들을 뒷바라지하던 주탕

주탕비가 수행하던 임무는 무엇이었을까요? 기생들은 유독 평안도와 함경도에 많았습니다. 그 이유는 두 가지입니다. 중국에서 오는 사신을 접대하는 것과 부방赴防*하는 군관의 생활을 뒷바라지하는 것이지요. 대국의 사신을 위로하기 위해 조선 정부는 가는 곳마다 연회를 베풀었습니다. 연회에서 기생의 춤과 노래가 빠질 수 없겠죠. 이를 증명하듯이 유형원의 《반계수록磻溪隨錄》에 그 유래가 보입니다. "기생은 얼굴을 곱게 단장하여 화사한 옷을 입는다. 사신에게 술을 권하고, 흥 돋울 예인藝人으로 그들이 필요해 기녀제도를 만들었다"라고 하였으니 음주 가무의 주역이 바로 기녀들입니다.

•
서북 변경 방어를 위해
파견 근무를 하던 일.

그녀들의 또 다른 임무는 부방 군관들을 보조하는 일이었습니다. 부방 군관이란 정예용사를 육성하기 위해, 의무적으로 1년 동안 변방에 파견하던 무과급제 출신자들을 말합니다. 주로 임란 직후에 많았다고 합니다. 부임지에서 이들의 음식과 빨래를 해 줄 방직房直이가 필요했는데 이를 도맡던 여인들이 주탕입니다. 이런 사실은 부·군·현 등 행정관청에 묶여 있던 관기 숫자보다, 관서關西, 평안도와 북관北關, 함경도 병영에 속한 관기들이 더 많았던 점에서도 확인됩니다. 재미있는 사실은 기생들이 군인인 무관 말고, 학생인 유생과의 사이에서도 '썸씽'이 제법 있었다는 것입니다.

1871년 제작된 《관서읍지關西邑誌》 선천부 편에는 "재중 학업을 게을리하는 자나 기생과 허물없이 가까이 사귀는 자는 영원히 퇴출한다"라는 학규 절목이 보입니다. 향교 유생과 기생 간에 통정通情이 있었음을 암시합니다. 이런 남녀 간의 썸씽은 비단, 이북 지역인 관서 지방에서만의 일은 아닙니다. 최남단인 제주도에 소재한 장춘원藏春院은 기생들이 가무를 익히던 교방입니다. 전라도 방어사 겸 제주목사로 도임한 이우항이 1689년에 설치했다고 하지요.●● 이 장춘원은 제주 목관아 근처에 있었는데 공교롭게도 유생들이 공부하던 제주향교와 가까운 위치였습니다. 그래서 제주도에는 다음과 같은 야사가 전해집니다.

한성판윤 고득종 후손인 고경준은 제주도 선비 집안에서 태어나 귤림서원과 제주향교에서 공부한 인물입니다. 없는 살림 탓에 항상 구멍 난 버선을 신고 다닐 정도였지만, 향시에서 늘 장원을 차지하던 수재였습니다. 기생들이 이런 수재를 가만히 놔둘

●●
이우항은 무반 명문가 집안에서 태어나 인물로 함경도 북병사, 총융사, 삼도수군통제사를 역임한 장신(將臣: 재상의 반열에 오른 무관)이다.

일이 없습니다. 향교를 오가던 고경준을 보기만 하면 인근 장춘원 기생들이 몰려나와 '구멍 버선 고서방!' 하며 그를 유혹하였다고 합니다. 그러나 고경준은 기생들의 방해 공작(?)에 아랑곳하지 않았습니다. 책으로 얼굴을 가리고선 오히려 공자왈, 맹자왈만 외쳐대었지요. 불량한 길을 걷지 않았던 고경준은 24살 되던 해에 대과에 급제하고 병조와 예조 좌랑을 거쳐 청요직인 사헌부 지평에까지 올랐습니다.

구멍 버선 고경준은 지금으로 치자면 부장검사까지 출세한 셈입니다. 기생의 유혹을 뿌리치고 성인의 학문을 익힌 결과가 이와 같았습니다. 선천향교처럼 제주향교에도 기생과 가까이하지 말라는 학칙이 있었는지 모르겠지만, 모범생 고경준의 태도로 볼 때 유생과 기생의 접촉이 썩 긍정적이지는 않았다는 걸 알 수 있습니다. 모범생 고경준과 달리 기생에 빠져 혼외자를 둔 불량(?) 선비들도 있었습니다.

김창업의 《연행일기》에 나오는 일화가 있습니다. 김창업은 연행을 위해 관서 지방의 철산 땅을 들렀습니다. 그곳에는 친구 이성징의 사생아가 있었는데요. 다름 아니라, 철산 기생 사이에서 태어난 아들이었습니다. 이야기는 이렇습니다.

해 돋을 무렵에 출발하여 차련관에 닿았으니, 철산鐵山 땅이다. 수청 기생 월출광月出光은 벗 이성징李聖徵의 눈길을 받았는데, 어제 선천에 있을 때 본부本府의 탐리探吏, 길을 인도하는 향리를 통해서 분부한 바가 있었기 때문에 아들을 데리고 왔다. 아이는 다섯 살인데, 생김새와 행동이 그 아버지^{이성징}를 너무나 닮았으므로, 쳐다보고 나도 모르게 웃음이 터져 나왔다.

내가 묻기를 "네 아버지는 누구냐?" 하니,

답하기를 "동대문 밖에 사는 이 생원입니다" 하였다.

음식을 차린 상을 물려서 아이에게 주었고, 백씨^{김창업의 큰 형}도 음식을 주었다.*

《노가재 연행일기》, 임진 십일월 (老稼齋燕 行日記) 壬辰 十一月

우연일까요? 여자를 멀리한 젊은 선비 고경준은 당당히 문과에 급제했지만, 기생으로부터 아들까지 본 늙은 유생 이성징이 시험에 합격했다는 기록은 전혀 보이지 않습니다. 선천향교의 규칙 중에 '기생과 허물없이 사귀는 자는 영원히 퇴출한다'라는 조항이 왠지 수긍되는 대목입니다. 공부는 학교 다닐 때 열심히 해두어야 하는 법이지요. 그렇지 않으면 후회막급입니다. 이것은 고금의 진리일 것입니다.

편치 않았던 관비의 삶

기생이 되어 가무와 예악을 익히고 신분 좋은 남성과 사귀는 특혜가 있었다고 하더라도, 나라에 매인 관비의 업이 마냥 좋을 리가 없습니다. 관비안에는 진례, 옥대, 초대라는 종들이 도망쳤다는 기록이 보입니다. 조선시대 노비들이 천역에서 빠져나오는 수단으로 가장 많이 선택한 방법은 다름 아닌 '도망'이었습니다. 불법이긴 했으나 가장 쉬운 길이기도 했지요. 게다가 이때는 정

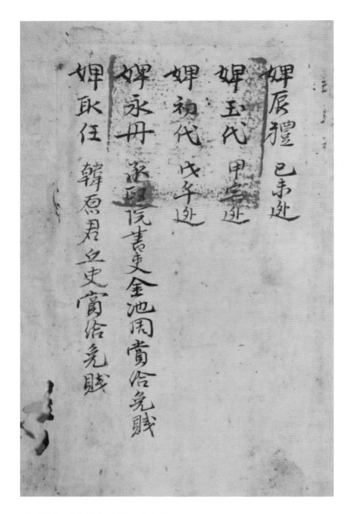

관비안에 실린 주탕 기생들의 명단
개인 소장본

조 시기라 노비 추쇄*도 금지되어 있었습니다. 추노꾼이 사라졌으므로 도망가도 잡을 방법이 없었습니다. 어느 때보다 노비들의 도망이 많았던 것으로 보입니다.

정조는 위대한 군주였습니다. 노비 추쇄를 금지하고 나라에 예속된 노비 수만 명를 해방할 계획을 세웠기 때문이죠. 정조의 복심이던 도승지 윤행임은 정조의 유지를 받들어 1801년순조 1년 그 계획을 실현했습니다. 외부의 압력 없이 스스로 깨달아 노예해방 정책을 실행한 것은 그만큼 조선의 인본주의가 성숙해 있었다는 방증입니다.

도망 말고도 자유인이 될 수 있는 합법의 방식도 있었습니다. 영단이라는 관비는 승정원 서리 김지주라는 사람이 상으로 받았습니다. 그리고 합법적으로 면천** 해주었다는 기록이 있습니다. 취임이는 한원군에게 구사丘史, 공신들에게 딸린 노비로 상급하며 면천해주었습니다. 그런데 좀 이상한 구석이 보입니다. 구사라는 직책도 관노비의 일종입니다. 구사가 되었다고 노비의 역을 면천한 것은 어불성설이죠. 게다가 한원군이라는 사람은 이인좌의 난을 평정한 양무 2등 공신 이만유인데요. 그는 정조 때엔 이미 죽고 사라진 인물입니다. 죽은 공신에게 구사를 상으로 줄 이유가 없습니다. 간교한 서울의 서리들이 공문을 위조해 관비를 면천시켜 빼돌린 게 아닌가 싶습니다. 이런 일들이 간혹 발행했다는 사실은 《승정원일기》에도 실려 있습니다.

1727년영조 3년 3월에 노비 송사訟事를 관장하는 장예원 서리 최진강 등이 관청의 인신을 위조해, 관비들을 몰래 사고파는 일이 형조에 적발되었습니다. 이들은 공신에게 관비를 내려주거나, 상급으로 면천시켜 준다는 첩문을 위조합니다. 그러고는 궁벽한 시골의 시노비寺奴婢나 관노비를 빼돌려 몰래 매매했는데, 그 숫자가 5명이나 되었다고 전해집니다. 몹쓸 일입니다. 나라의 관속이 나라의 재산을 빼돌려 착복했으니, 이보다 심각한 일은 없을 겁니다. 이와 같은 일이 두 번 다시 일어나지 않도록 조정에서는 최진강을 영원히 외딴섬에 유배시켰습니다.

서울로 뽑혀 올라간 침선비 계섬이

다시 관비안으로 돌아가 보도록 합시다. 상화라는 관비는 상방尙房, 상의원의 공비公婢로 차출되어 적을 옮겼다는 기록이 있는데요. 옷을 만드는 상방 침선비針線婢로 뽑혀, 서울로 올라간 영광을 누리게 된 것입니다. 이런 관비를 '상방기생'이라고 부르기도 했습니다. 기왕에 침선비 이야기가 나왔으니, 이에 관련된 일화를 소개해보도록 하죠!

조선 후기 기생 가운데 계섬이라는 여성이 있었습니다. 그 역시 전주全州의 관비였습니다.[*] 상방의 공비로 뽑혀 서울로 올라왔으니, 미모가 출중하였을 것입니다. 조선 후기 침선비로 뽑혀서 올라간 것은 절대로 바느질을 잘해 올라온 것이 아닙니다. 접대를 위해 뽑혀 올라온 것임을 우리는 알고 있어야 합니다.[**] 서울에서 화려하게(?) 놀던 계섬은 나이가 들자 외모가 추해졌습니다. 더 이상에 의지할 곳이 없어진 셈입니다. 황교黃橋의 이 판

[*]
황해도 송화현의 노비라는 말도 있다.

[**]
인조반정으로 서인들이 정권을 잡자 명분 획득을 위해 서울 장악원에 있던 기생인 경기(京妓)들을 혁파해 버렸다. 이 때문에 서울에 국가적인 연회나 접대가 있을 때마다 지방에 있는 주탕비들을 뽑아 올렸다.

서라는 이가 이런 계섬을 불쌍하게 여겨 자기 집으로 데려와 가무를 익히게 했습니다. 그런데 이게 웬걸? 계섬의 춤사위가 예뻐 장안에 소문 쫙 퍼졌습니다. 당대의 스타가 된 셈입니다. 그렇다면, 계섬이를 출세시켜준 황교 이판서라는 이는 과연 누구일까요?

안대회 교수의 연구에 따르면, 그는 바로 삼주 이정보李鼎輔, 1693~1766입니다. 서울 종묘 동쪽 부근 황교 다리 근처에 살았으므로 황교 이판서로 통했던 것입니다. 이정보는 영조 치세 당시 탕평책을 지지하여 신임을 얻은 유능한 관료였습니다. 그보다도 주목할 점이 있다면 이정보는 당대의 패트런patron, 예술인을 후원하는 사람이었다는 사실입니다. 음악을 좋아하던 그는 예인들을 불러 모아 노래와 가무를 가르쳤는데. 그의 문하에서 시조 가객 이세춘, 거문고 명인 김철석, 추월, 계섬, 매월과 같은 가기歌妓, 노래하던 기생들이 배출되었다고 합니다.

이정보가 죽은 후, 계섬이 그의 무덤 앞에 술병을 들고 찾아옵니다. 술 한 잔 따라 무덤가에 뿌리고, 술 한 잔 따라 계섬이 마십니다. 취기가 돌자 계섬은 노래 한 곡조를 길게 빼어 부르고 무덤 앞에 철퍼덕 엎어져 슬피 웁니다. 이러기를 수차례 반복하니, 사연이 도성에 크게 소문이 났죠. 이야기를 들은 이정보의 아들들이 묘지기를 책망하자 계섬은 더 이상 판서의 무덤을 찾지 않았다고 합니다. 계섬은 장안 부자인 한상찬의 첩으로 들어갔으나 역시 마음이 맞지 않아 집을 나왔습니다. 그 후 계섬은 외딴 시골에 초가를 지어놓고서 텃밭을 일구어 채소를 심어 살았다고 합

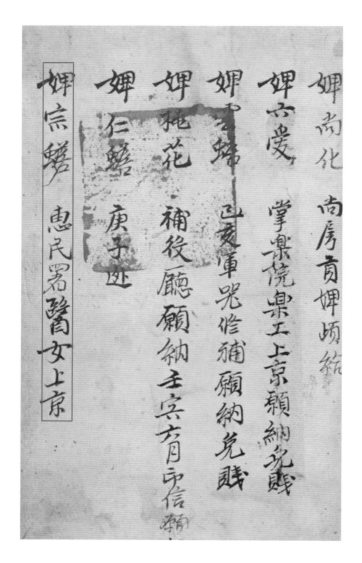

혜민서 의녀가 된 관비 종섬
관비 종섬이는 의술이 뛰어나서가 아니라, 외모가 어여뻐서 올라간 것이 분명하다.
이렇게 서울로 올라간 기녀들은 대부분 주탕 기녀가 되어 음주 가무를 담당했다.

니다. 논 몇 마지기는 소작을 주었습니다. 그리고 날마다 불경을 외며 홀로 생을 마쳤습니다.

계섬의 일생은 조선의 기생들이 살아가던 일반적인 삶입니다. 나이가 한창일 때는 젊음으로 먹고살다가 풍류남아를 만나면 첩으로 들어갑니다. 나이가 차서는 남성에게 내쳐지거나 자발적으로 집을 나옵니다. 그리고 고독한 일생을 보냈습니다. 이를 증명하듯이 평양에는 독신으로 살다간 기생들의 집단 무덤도 있다고 합니다. 슬픈 이야기입니다.

이제 다시 관비안으로 돌아가봅시다. 육애라는 관비는 장악원 악공으로 서울로 올라가는 관계로 원납顯納, 돈을 바침하여 면천했습니다. 자신의 몸값을 지불한 육애는 합법적으로 자유인이 되었던 것이죠. 이렇게 서울로 올라가는 관비들은 비교적 자색이 뛰어난 편입니다. 운섬이라는 기생은 기해년 군기軍器, 군대에서 쓰는 무기를 보수하는 데 돈을 냅니다. 관에서는 장하다며 그녀를 면천시켜 주었습니다. 관비 도화는 임인년 6월에 원납하여 면천됩니다. 인섬이는 경자년에 도망쳤고, 종섬이는 혜민서 의녀로 차출되어 서울로 올라갔습니다. 그런데, 종섬宗贍의 이름은 《승정원일기》에도 보입니다.

당시 내의원에 있던 의녀 가운데 재주가 변변치 못한 이들이 있었나 봅니다. 그래서 실력이 모자란 의녀들을 원래 있던 관서나 고향으로 되돌려 보냈는데요, 그중에 종섬의 이름이 있습니다. 하지만 관비안에 환송된 기록이 보이지 않는 걸 볼 때 그녀는 혜민서인 본서에 머물렀을 개연성이 큽니다. 관비안의 종섬과

二日朝仕

三日朝仕三班點考 謁聖 　　　趙經歷 送人社村

四日朝仕趙經歷袞行茂去

五日朝仕大雪

六日朝仕分娘靈賑救急時例

七日朝仕上道朴進 　　後送米五斗肉二斤

八日曉行次沙谷 　　次工禮陪　

九日朝仕

十日朝仕賑飢分排各面今日分給四面任庫

十一日朝仕通津府使未謁 經庫毋午未謁

十二日朝仕經庫未謁 東軒分娘六面

十三日出起閱武堂朝武閱 　文昌三　次經處

于東軒 　己巳月 還 　行次路文　 　
行次宕人言名娘經庫未坐

十四日朝仕收後行次宕人言名娘經庫未坐

十五日大雪二雨任朝仕以疋瘡欠寧 下人器考停之

十六日朝仕 　經庫分娘三面于祠將結

강화유수 신현의 관청 일기

조사와 점고를 행한 기록이 보인다. 신현은 1824년에 강화유수로 부임했다.

옥산자 서실 소장본

《승정원일기》의 종섬이 동명이인일 가능성도 있겠지만, 일단 의
녀로 차출되어 올라간 점, 그리고 관비안의 작성 연도와 《승정원
일기》의 기록이 불과 3년밖에 나지 않는 점, 일기에 종섬의 기사
가 한 건밖에 검색이 되지 않는 점을 상기할 때 동일 인물이 분
명합니다. 종섬은 화려한 서울살이가 좋아서 고향으로 내려오지
않은 것일까요? 아니면 사랑하던 정인 때문에 내려오지 않았던

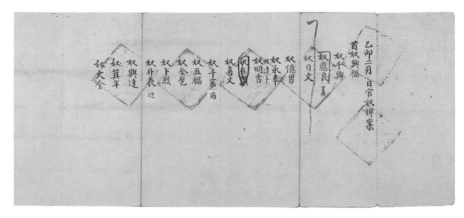

정읍현 관노비안

정읍현감이 점고나 호출을 위해 사용한 것으로 추정된다. 을묘년 2월에 제작된 것으로
우두머리 노비인 수노는 흥복이다. 노비 흥량은 소장을 올려 면탈되었고, 노비 천종은
병이 나서 제외되었다. 노비 승표는 몰래 도망쳤다는 사실이 노비안에 꼼꼼히 기록되
어 있다. 국립민속박물관 소장본

걸까요? 기록이 여기서 멈추기에 더 이상 추적할 방법이 없어서 정말 아쉽습니다.

그럼 관비안은 어디에 쓰인 걸까요? 조선시대에 관장官長*이 동헌으로 출근하면 처음 시작하는 업무가 바로 조사朝仕였습니다. 조사란 향리와 하인들의 인사를 받는 것을 의미합니다. 다음으로 치러진 의식이 바로 점고點考였습니다. 향리와 하인의 출근 여부를 관장이 일일이 확인하던 일입니다. 오늘날의 출석체크라고 보면 됩니다. 이때 사또들은 향리들의 이름이 적인 '향리안'이나 관노비들의 성명을 적은 '관노비안'이 필요했을 겁니다. 이런 관비안은 고을 사또가 하인의 호출이나 점고를 위해 수시로 곁에 지니고 다녔던 듯합니다. 수진본 형식으로 한 손에 쏙 들어오는 작은 사이즈여서 이런 추정이 가능한 것이지요.

관비안은 희귀한 문서입니다. 보존을 위한 공문서라고 해도 일정 기간 보관한 다음 폐기해버렸기 때문입니다. 그런 다음에 배접지나 이면지로 재활용되었습니다. 이러한 무관심에도 불구하고 관비안은 사료적 가치가 매우 큽니다. 조선 후기 빈번했던 도망 노비의 실태와 돈을 주고 자유를 사던 관비의 생생한 모습, 또, 서울을 바쁘게 오가던 관비들의 공무 수행 사실을 간접적으로 유추할 수 있으니 말입니다.

11   배접지에서
              다시 태어난
              민초들의 이야기

1933년 일본 쇼소인^{正倉院}에서 《화엄경》의 파손 부분을 수리하는 과정에서 엄청난 문서 하나를 발견합니다. 그것은 《화엄경》의 포장지로 쓰였던 종이인데요. 알고 보니 그 포장지가 신라시대 민정문서^{民政文書}였던 것이죠. 베일에 싸였던 통일신라 행정구역과 토지제도의 존재는 물론, 마을에 살았던 사람들의 관직, 직역, 신분 등을 자세히 알 수 있는 획기적인 문서였습니다. 발견 당시에는 아무도 관심을 가지지 않았지만 1955년 일본인 학자 노무라 타다오^{野村忠夫}가 이를 학계에 보고하면서 국제적인 주목을 받습니다. 왜냐하면 신라의 제도를 연구할 수 있는 1차 사료는 쇼소인에서 발견된 이 문서가 유일했기 때문이죠. 타임캡슐처럼, 우리에게 다가온 유물은 비단 쇼소인의 신라 민정문서만은 아닙니다.

이와 비슷한 사건이 2017년 4월쯤에 있었던 조보^{朝報}* 발견입니다. 문헌에서만 확인 가능했던 조보가 실물로 등장한 것인데요, 원래 이 조보는 어느 고서의 배접지로 재활용되어 수백 년 동

* 승정원에서 작성하여
공포하던 소식지.

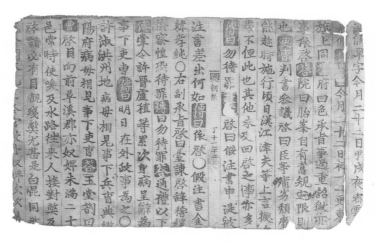

실물로 발견된 조보
1577년에 인쇄되었다. 최초의 신문인《라이프찌거 자이퉁》보다도 80년이나 앞선 것이다. 개인 소장본

안 어둠 속에서 지내온 것입니다. 그러다가 눈 밝은 어느 스님에 의해 발견되어 세상 밖으로 나오게 되었습니다.

　관련한 에피소드를 하나 공개하자면, 조보가 배접된 이 고서는 어느 경매사이트에 올라온 매물이었다는 사실입니다. 판매자가 고서의 배접지를 뜯어 살펴보니 조보의 실물임을 알고 판매한 것인데요, 당시 가격은 상당한 고가**였습니다. 저도 여러 경로로 알아본 결과, 선조 16년에 목판으로 찍어낸 조보라는 사실을 확인했으나, 워낙 가격이 센 탓에 구입할 수 없었던 슬픈(?) 사연이 있습니다. 다행히도 학식 높은 스님 한 분이 이를 구매하여 세상에 공개하셨으니, 물건에는 임자가 있다는 사실을 다시 한 번 깨달았던 순간이기도 했습니다. 지금 이 조보는 경상북도 유형문화재로 등록되어 지정 고시를 앞두고 있습니다.

타임캡슐로 돌아온 군대 문서, 훈련도감 차지 수본

필자가 소장한 고문서 가운데 훈련도감^{이하, 훈국}• 차지 수본이라고 불리는 문서가 한 점 있는데, 이것 역시 어느 고서의 배접지로 재활용되다가 세상 밖으로 나온 것입니다. 이 훈국 수본은 1828년^{순조 28} 풍양 조씨 세도가인 풍은 부원군 조만영이 훈련대장으로 재직할 당시 제작된 것입니다. 이와 함께 나온 문서들 모두가 조만영과 관련된 것으로 볼 때, 조만영이 대장에서 물러나면서 보관 기한이 지난 공문서를 집으로 가져온 것이 아닌가 짐작합니다. 이면지나 배접지로 사용하기 위해 이런 식으로 민간으로 유출되는 경우가 많았습니다.

문서 내용은 이렇습니다. 도감에 근무 중인 세악수 하나가 돌연 사망하여 결원이 발생하자, 그를 대신해 지방사람 하나를 서울로 불러들이고 있는데요, 훈련도감의 행정을 책임졌던 지구관^{知教官}이 직속상관 중군과 대장에게 이를 보고한 것이 대략의 내용입니다.

그런데 이 보고 문서는 대단한 가치를 지닌 문서입니다. 왜냐하면 수본^{手本}이라고 불리는 군대 문서의 원본은 현재 남아 있는 게 거의 없기 때문입니다. 게다가 이 문서 내용은 훈련도감 세악

•
조선시대에 수도의 수비를 맡아보던 군영.

수와 관련된 문서이기도 합니다. 세악수細樂手는 취고수와 함께 지금의 군악대원과 같은 군인으로 세악수는 주로 해금, 피리, 장구 연주자였고, 취고수吹鼓手는 태평소, 나발, 북 등의 연주자였습니다. 조선 후기 군영을 이루던 오군영과 지방 병영에는 왕의 어가 행렬이나 고관의 행차에 위엄과 권위를 부여하고자 취타대를 만들어 운영했습니다.

이 취타 연주대와 관련된 문서들은 현재 남아 있는 게 드물고 이들의 신분이나 구성, 그리고 운영형태가 지금에 와서야 연구되는 실정이라고 하니, 아직도 그 규모가 뚜렷이 밝혀지지 않은 듯합니다. 연구자들은 조선시대 군악대 구성원들이 대부분 천한 악공樂工 신분이었다고 보고 있습니다. 이 가운데는 무속인들도 있고, 관노비로 신분으로 교방에서 연주하는 광대도 있던 모양입니다. 그런데 이 훈국 수본에 보이는 바로는 지방에 사는 양인들을 중앙 군영으로 차출해 데리고 온 것 같습니다. 이를 번상番上이라고 불렀습니다. 이들은 군역을 지는 평민들이므로 본인의 자유의지가 아닌, 나라의 지엄한 명령에 따라 불려왔을 겁니다. 한마디로 억지로 군대에 입영하는 경우입니다. 그래서 탈영도 많았다고 합니다.

억지로 징집되었다고 해서 이들의 미래가 어두웠던 것은 아닙니다. 악기를 잘 다루어 취재 시험에라도 합격하면, 임금을 앞에서 모실 수 있는 금위영이나 선전관청의 취타대원으로 전직하는 기회가 주어졌기 때문입니다. 조선시대의 경제구조는 선물膳物 경제였기 때문에 임금을 가까이 모시는 곳일수록 귀한 선물을 하사받을 가능성과 빈도도 잦았습니다. 또, 운이 좋아 무과에라도 급제하면 정식 무관이 되어 출세할 수도 있었을 겁니다.

그렇다면 이제 훈국 수본을 토대로 조선 후기 군악대원 취타수의 삶을 그려보도록 합시다.

서울로 상경한 박수복의 삶

충청도 보령에 거주하던 박수복^{가명}은 원래 관청에 소속된 악공^{樂工}의 후예였습니다. 선조는 장악원^{掌樂院*}의 관노였는데 어찌된 일인지, 서울에서 살지 않고 충청도에 살고 있었습니다. 대대로 나팔을 불던 집안으로 증조할아버지는 충청 병영의 악공이었고, 할아버지도 교방에서 기녀들에게 음악을 가르치던 재인이었습니다. 박수복의 아버지 대에서 떳떳한 양인이 되었지만, 수복이는 가업을 거역할 수 없었죠. 결국 수복은 집안의 결정에 따라 해금과 장구를 배웠습니다.

궁중에서 음악과 무용에 관한 일을 담당하던 관청.

어느 날, 서울에서 명령이 내려왔습니다. 박수복을 훈련도감 세악수로 차출하니, 가족 모두를 데리고 상경하라는 내용이었습니다. 수복이는 두려웠습니다. '서울은 눈 감으면 코 베어간다'고 할 만큼 살기가 만만치 않은 곳이었기 때문이었습니다. 그러나 아들놈을 생각하면 시골인 보령보다 도회지 서울에서 교육시키는 게 더 나을 거란 생각도 들었습니다. 체격이 건장한 수복의 아들이 무예를 익혀 혹시라도 무과에 급제하기라도 한다면, 집안을 크게 일으킬 수도 있었기 때문이죠. 가족과의 상의 끝에 결국, 박

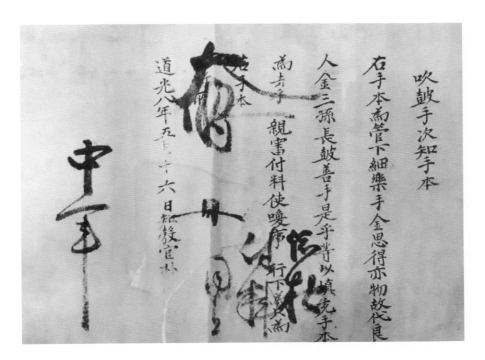

취고수 차지 수본

1828년 훈국 지구관이 상관에게 올린 보고서.
훈국 관할의 세악수 김사득이 사망하여, 그 결원을 김사손으로 하여금 채우겠다고
보고한 문서이다. 김사손은 장고선수長鼓善手, 즉 장구를 잘 다루어서 도감의 세악수로
충원되었다. **필자 촬영본**

수복은 서울로 올라가기로 결심했습니다. 이웃 마을에 살던 유대
복도 승호군陸戶軍[*]으로 차출되어 서울에 올라간다고 했습니다.
말동무가 하나 생겼으니 서울살이가 그리 외롭지 않으리라는 생
각이 들었습니다.

고단한 박수복의 서울살이

서울로 올라간 박수복은 새로 근무하게 된 훈련도감 세악수
생활이 편치만은 않았습니다. 같이 올라온 유대복이 서울에서 치
러진 점고點考에 빠진 채 도망하여, 그 여파가 수복이에게까지 미
쳤기 때문입니다. 유대복이 숨어 있을 곳을 예상하여 기대총旗隊
摠[**]과 함께 곳곳을 수색했지만 흔적이 묘연했습니다. 결국 고향
인 보령까지 내려가 찾아보니, 역시 그곳에 숨어 있었지요. 유대
복은 승호군陸戶軍에서 차출되면서 가지고 온 군수품을 죄다 팔아
먹었는데 겁이 난 나머지, 군대에서 탈영했던 것입니다. 뜻밖의
사건 사고로 어안이 벙벙했던 박수복에게는 더 큰 고난이 찾아
왔습니다. 이곳 서울의 물가가 너무나도 높아 군대에서 받은 봉
급으로는 생활이 어려웠기 때문입니다. 주위를 둘러보니 동료들
역시 마찬가지여서, 집안에서 기른 채소나 나물을 배오개 시장에
나가 팔기도 하고, 산에서 나무를 해 숯으로 구워 팔며 없는 살림
을 보충하고 있었습니다.

박수복은 색주가色酒家가 몰려 있다는 마포나루로 가보기로 했
습니다. 분명 술집 중에는 장구쟁이 수복이를 집어갈 곳이 있을

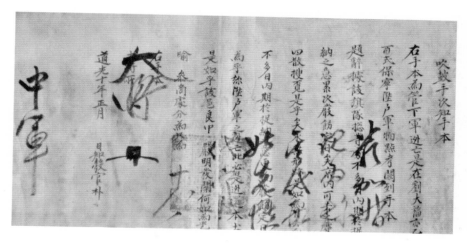

훈국 수본 문서

보령에 살던 유대복이 점고에 빠져, 도망간 사실을 보고하고 있다.
서울 경내를 샅샅이 찾아도 행적이 보이지 않자, 고향인 보령으로 도망간 것으로 짐작
했다. 해당 관아에 발관(發關, 상급관청이 하급 관청에게 공문을 보내는 일)하고 탈영병을
잡아올 것을 청하고 있다. **필자 촬영본**

듯했습니다. 늦은 밤에 찾아간 마포의 주점 거리는 그야말로 불야성을 이루며 번화했습니다. 집집마다 술을 뜨는 국자인 용수에다가 긴 갓모를 씌워 장대에 묶어 세웠고, 그 옆엔 붉은 등을 달아 놓았습니다. 홍등紅燈이 거리를 수놓은 마포의 색주가는 전국 각지에서 올라온 소금, 젓갈, 생선 장수들과 날품팔이꾼, 그리고 삼군문三軍門, 도성을 방어하는 군영 군총들이 늙은 주모들과 수작을 벌이고 있었습니다. 그중 꽤 깔끔한 주점이 눈에 띄었습니다. 박수복은 그곳을 들어가보기로 했습니다. 이곳 주인인 늙은 주모를 만나, 혹시 장구쟁이가 필요하지 않은지 물었습니다. 그런데 뜻밖에도 마포 색주가는 기생이 나오는 곳이 아니라, 음악은 팔지 않는다고 했습니다. 출퇴근하는 젊은 주모들은 겨우 잡가나 부르는 정도여서, 기생의 장구춤과 같은 고급기예를 보고 싶다면, 종루거리나 남대문 밖 관왕묘 근처 기생집을 찾아가보라고 넌지시 알려주었습니다.

그렇게 집으로 다시 되돌아온 박수복은 다음 날 종루거리의 기생집들을 찾아나섰습니다. 그곳의 생김새는 초가집에 홍등을 달아 놓은 허름한 마포의 주점과는 전혀 달랐습니다. 고래 등 같은 기와집에 좋은 글귀의 주련을 기둥마다 새겨 놓았으며, 방마다 향을 피워 놓아 마치 궁중에 온 것과 같은 느낌이 들었습니다. 넋을 놓고 집을 구경하던 박수복은 깜짝 놀랄 광경을 목격했습니다. 다름 아닌, 자신의 최고 상관 훈련대장 조만영이 그곳에 있었기 때문입니다. 조만영은 효명세자의 장인으로 풍은 부원군에 봉해진 인물이었습니다. 그가 눈길을 준 기생이 이 종루거리에서 웃음을 파는 모양입니다. 뒷걸음질을 치며 기생집을 빠져나오려던 그때, 저 너머로 수복을 부르는 소리가 들렸습니다.

"너는 하도감의 세악수가 아니냐?"

고개를 돌려 바라보니 훈련대장 조만영이었습니다. 수복은 당황했지만, 군대의 상관이었기에 어쩔 수 없이 무릎을 꿇고 부름에 응했습니다.

"소인은 보령에서 올라온 훈국 세악수 박수복이옵니다."
"네가 전번에 탈영한 대복이 놈을 잡아 왔으렷다?"

조인영은 수복이가 기총들과 함께 유대복의 소재지를 뒤져 그를 데려온 일을 잘 알고 있었습니다.

"그래, 너는 무슨 일로 기생집을 기웃거리느냐? 너의 급료로 여기서 놀음이나 할 수 있겠는고?"
"소인은 이곳에 놀러 온 것이 아니오라, 부업을 찾으려고 여기까지 걸음을 했사옵니다."

당시 삼군영의 군사들은 일과 이후에 부업을 하던 것이 상례여서, 수복과 같이 서울에 올라온 초짜 군총이 그런 일을 찾아다니는 것은 대장 조만영도 익히 알던 사실이었습니다.

조만영은 수복을 안으로 불렀습니다.

"그래! 너는 장구를 잘 친다고 들었다. 어디 너의 실력 한번 보자!"
"어느 안전이라고 거절하겠나이까?"

수복은 지엄한 대장의 명령이라 한 손에 채를 잡고, 한 손은 북을 두드리며 장구를 신명 나게 쳤습니다. 어느 샌가 옆에 있던 기생이 장구가락에 맞추어 춤사위를 내보이니 원래부터 수복이가 이 기생집의 악공으로 착각할 정도였습니다.

"허허! 너는 여기서 일하거라!"

조만영은 호탕하게 웃고, 주인에게 수복이를 이곳에서 잘 부리라는 말을 건넸습니다. 수복이는 뜻밖의 행운을 움켜쥔 셈이지요. 조만영의 뒷배가 있으니, 일하기가 다른 곳보다 수월할 참이었습니다. 조만영에게 감사 인사를 드리고, 집으로 돌아오는 피맛골이 오늘은 왠지 정겨워 보였습니다. 수복의 입가엔 비로소 웃음이 돌기 시작합니다. 그에게 서울살이의 희망이 보이는 듯했기 때문입니다.

박수복의 일화에서 보듯이 19세기 한양에서는 유흥과 상업이 발달하고 있었습니다. 돈이 중요해지기 시작한 것이죠. 양반이라고 해도 가난하면 평민이나 진배없었고 평민이라고 해도 돈만 있으면 출세할 수 있었습니다. 박수복처럼 부업을 통해서 또는

돈놀이를 통해서 어찌 되었든 삶이 넉넉해지면 출세의 욕망이
불타오르기 마련입니다.

조선 후기에 수복이처럼 지방에서 천민 신분의 악공으로 살다
가, 병조의 취라치吹螺赤 •로 뽑혀 서울로 올라온 김해 김씨 가문
의 후손들은 무예를 열심히 닦아 무과에 급제하여 양반이 된 사
례도 있었으니, 18·19세기 한양도성은 신분 상승의 욕구가 내재
된 도시였음이 분명합니다.

12 조선시대에도 이혼 합의서와 위자료가 있었다?

수동적인 여성의 삶을 그려낸 조선 남성, 이옥

조선 후기 문인이었던 문무자 이옥李鈺, 1760~1812은 정조 임금으로부터 그릇된 문풍文風을 확산시킨 '불량 선비'로 낙인이 찍혀, 거제도로 충군充軍*당하는 등의 고생을 겪었습니다. 정조에게 글이란 도道, 유교적 교훈이나 모범를 실어 세상을 교화시키는 정치적인 도구였습니다. 반면에 이옥은 개인의 감정이나 사상을 가감 없이 표현할 수 있는 생각의 그릇이라고 여겼습니다. 그래서 정조의 글이나 글씨는 남성답고 호방해서 마치 군자의 풍모를 보는 것 같고, 이옥의 글은 애잔하고 여성적이며 마치 쓰러질 듯한 위미萎靡한 모습을 보입니다. 사대부는 군주와 함께 세상을 이끌어가며 거대 담론을 이야기하는 철인哲人이 되어야 하지만, 이옥은 전혀 그러지 않아 정조에게 심한 꾸중을 듣게 된 것이겠죠. 그렇다면 여기서 이옥의 글솜씨를 들여다보지 않을 수 없습니다.

一結靑絲髮 　검은 머리 한 다발로 맺었으니
相期到葱根 　파뿌리 될 때까지 함께 하기로 약조했지요

無羞猶有羞	부끄럼이 없는데, 오히려 부끄럼만 흘러서
三月不共言	낭군님과는 석 달 다 되도록 말 한마디 못했지요

〈아조 雅調 2〉

包以日紋褓	아름다운 무늬의 비단보로 감싸두고
貯之皮竹箱	가죽 대나무 상자에 그걸 쌓아두었답니다.
手剪阿郎衣	낭군님 옷을 소녀가 마름질하니
手香衣亦香	제 손에도 낭군의 고운 향기, 배어 나오겠지요

〈아조 雅調 5〉

규방閨房과 시정市井에서 생활하던 조선 여인의 감성을 잘 표현하고 있습니다. 사실 이옥의 글을 읽다 보면 그는 중세사람 같지가 않습니다. 오히려 근·현대를 살았던 글쟁이 냄새가 납니다. 그만큼 이옥의 글은 우리 정서와 가깝다는 뜻이겠지요. 하지만 그의 글에는 보이지 않는 한계도 있습니다. 수동적인 여성의 삶을 유려한 문체로 표현해내고 있다고는 해도, 남성에게 도전하는 적극적인 여성의 행태는 발견되지 않는다는 사실입니다. 그 역시도 조선 남성의 시각에서 여인의 곡조를 그려낸 것일 뿐입니다.

여성이 주체가 된 이야기들

조선시대가 남성 우위의 사회이긴 했지만, 당시 여성들은 이옥의 시에서 보듯이 마냥 연약하고 수동적이지만은 않았습니다. 적극적으로 자기 의사를 표현한 일도 많았습니다. 한글로 소장

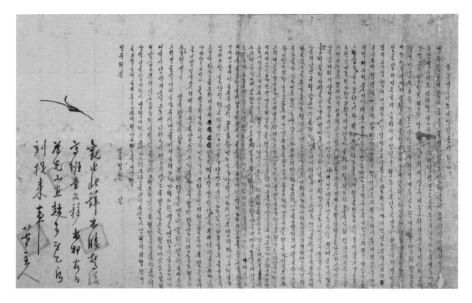

한글로 작성한 원정 문서

1861년에 윤득심 尹得琛, ?~?)의 딸인 윤씨 부인이 문경현감 聞慶縣監 유치량 兪致良, 1817~?에게 원통한 사정을 호소한 내용이다.
이 고문서는 시댁 선영의 투작 偸斫 문제를 기록하고 있지만 실제로는 투작으로 빚어진 욕설 문제가 송사의 발단이 되어 기록된 것이다. **국립한글박물관 소장본**

을 적어 고을 사또에게 청원을 올리기도 했으며, 여성 명의로 본인 재산을 모모한 자식에게 물려준다는 문기文記도 작성했습니다. 심지어 관서와 북관의 여성들은 융복을 차려입고 전립을 쓴채, 남성과 더불어 말 달리기하던 일도 있었습니다. 김창업의 연행 일기에 나오는 내용입니다.

> 흐리고 아침에 눈이 뿌렸다. 의주에 머물렀다.
> 식후에 강가로 나가니, 김제겸金濟謙도 따랐다. 기생 4명과 장교 9명이 말을 타고 앞에 있으니, 부윤이 보낸 것이었다.
> 기생들은 모두 단립壇笠에 전복戰服 차림이었다. 남문에서 4, 5리를 가서 강변에 이르러 수십 칸짜리 초가가 있었으니, 칙행勅行 때 말을 먹이던 곳이다. 벌써 관인官人이 와서 강둑 높은 곳에 천막을 치고 자리를 마련해 놓았다. 우리는 말에서 내려 자리하고, 기생들과 장교를 보내어 말을 달려 얼음 위에 기를 꽂았다가 뽑게 하였는데, 그중 한 기생은 잇달아 3기를 뽑았다. 나는 "이런 일은 선비의 복장으로는 볼 수 없다" 하고 도포를 벗어버리고, 융복戎服, 군복을 착용했다.
>
> 《노가재 연행일기》임진년 11월 25일

우암 송시열 선생은 여군 창설을 주장한 인물입니다. 일기에 펼쳐지는 내용과 같이 북관의 여성들은 무척 씩씩하니, 그곳의 여정女丁을 활용해 여군을 창설하자는 견해를 펼친 것이지요. 파격적인 국방정책입니다. 남녀가 유별하던 조선 후기에 이런 주장이 있었다니 대단합니다.

대학자가 실증적인 근거도 없이 무턱대고 이런 말을 꺼내지는 않았을 겁니다. 송시열은 김창업의 일기처럼 전립에 융복을 차려 입고 활쏘기와 말달리기를 즐기던 변방 여인들의 웅장한 기상을 두 귀로 똑똑히 들었음이 분명합니다. 여성의 권리에 관심이 많던 그였기에 남성과 동일하게 국방의 의무를 부여하고자 한 것은 아닐까 싶습니다.

국립한글박물관이 소장한 윤씨 부인의 한글 원정 原情, 사정을 하소연 하는 일은 여성이 직접 관아에 소송을 제기하여, 시댁의 선영을 지키고자 한 적극적인 면모를 보여주고 있습니다. 보통 노비 이름으로 소장을 제출하거나 친척에게 대필시키기 마련인데 윤씨 부인은 본인이 직접 붓을 잡고 사정을 하소연합니다. 여성이 직접 나선 것은 드문 경우라고 볼 수 있습니다.

한 발 더 나아가, 조선 숙종 때 신태영이라는 여성은 남편이 올린 이혼소송에서 한글로 원정하여 적극적으로 자신을 변호하고 이혼의 위기를 막아낸 사례도 있었습니다. 제가 소개할 어느 부부의 이혼 문서 역시, 여성이라는 존재가 남성에게 내쫓기거나, 당하고만 살던 약자가 아니라는 사실을 보여줍니다.

200년 전 어느 부부의 이혼 합의서

조선시대에 이혼은 쉬운 일이 아니었습니다. 칠거지악에 해당하는 경우에만 이혼이 허락되었기 때문이죠. 만약 삼불거 三不去* 에 해당한다면 이혼은 불가능했습니다. 대명률 大明律에 있던 규정

1. 내쫓아도 돌아가 의지할 곳이 없는 경우.
2. 함께 부모의 삼년상을 치른 경우.
3. 전에 가난하였으나 혼인한 후 부자가 된 경우.

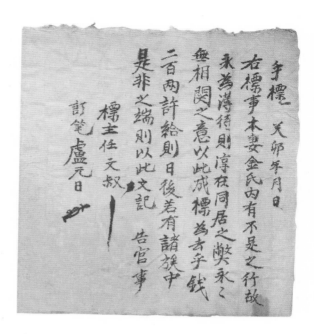

手標

이혼 약속 문서
남편 임문숙이 본처 김씨를 내치면서 작성한 수표.
김씨 부인은 이혼을 허락하고 거금 200냥을 챙겨갔다. **필자 소장본**

입니다. 남성과 여성의 공격권과 방어권, 모두를 보여주는 듯합니다. 물론 이는 사대부 양반들에게나 해당하는 조항입니다. 중인 이하는 자유롭게 이혼이 가능했던 것으로 보입니다. 국가의 승낙 없이도 '할급휴서割給休書'와 '사정파의事情罷議'라는 방식으로 부부가 갈라설 수 있었으니까요. 방식은 다음과 같습니다. 남편과 마음이 맞지 않으면 저고리 앞섬을 잘라 받고선 이불 보따리와 함께 집을 나섭니다. 이른 아침 서낭당 근처에 여인이 나와 있으면, 그곳에서 만난 첫 남자가 여인을 이불 보따리로 보쌈해 간다는 다소 황당한 이야기입니다. 한국사에서는 평민들 이혼 방식으로 굳어 내려오는 정설인 듯합니다. 여러 역사책이나 백과사전에서도 비슷한 방식으로 말하고 있으니까요. 소박당한 여성이 재산 분할은 고사하고 위자료 한 푼 받지 못한 채, 시집에서 쫓겨나고 낯선 남성에게 선택받아 재가한다는 스토리는 너무나도 현실적이지 못합니다. 드라마에서나 볼 수 있는 풍경이지요.

지금 이야기할 이혼 문서는 이와 좀 다릅니다. 남성이 이혼 사유와 함께 위자료를 지급할 것을 문서로 약속하고 있습니다. 글을 가지고 증빙으로 삼던 조선이기에 이것이 올바른 방식일 겁니다. 그럼 내용을 들여다보겠습니다. 서두를 살펴봅시다.

"오른쪽 수표의 일을 말할 것 같으면, 본처 김씨 아내에 부족한 행실이 있어…"

맨 처음 나오는 말은 다름 아닌, 아내의 행실 부족입니다. 부족한 행실이 어떤 모양새를 말하는지는 알 수 없습니다. 시부모에게 고분고분하지 않을 수도 있고, 남편에게 순종하지 않는 아내였을 수도 있습니다. 칠거지악이 아니라면 이혼은 불가능하므로, 위와 같은 형식적인 명목을 내세워 이혼의 사유를 이야기한 것일 수도 있습니다. 남편 시각에서 일방적으로 주장하는 내용이니 진실은 알 수 없습니다.

"(내가) 영원히 박대한다고 한다면 같이 사는 데 폐단이 있을 것이므로…"

계속 가봅시다. 만일 부부가 한 집에서 계속 동거한다면 폐단이 있을 거라며 다시 한 번 이혼의 정당성을 거론합니다. 이것 역시 남편의 일방적 주장이겠지요. 아내의 항변은 이 문서에 실려 있지 않아 두 사람 사이의 진실은 아무도 모릅니다.

"영영 무상관 하는 뜻에서 수표를 만들고서는 돈 이백 냥을 주기로 허락한다."

앗! '영영 無상관'이란 말이 나옵니다. 이 말은 곧 이혼을 의미합니다. 재미있는 표현입니다. 지금도 '이혼하면, 상관없는 남남'이라는 표현을 쓰는데, 옛적에는 '상관없다'라는 말이 지금의 이혼이란 표현을 대신했나 봅니다.

일후日後에… 만일 여러 친족 중에 시비지단是非之端이 있다면, 이 문기로서 관아에 알릴 일이다.

표주標主, 수표를 발급한 주체 임문숙 (수결)

정필訂筆, 증인으로 매매 문기를 작성한 사람 노원일 (수결)

마지막으로 위자료 200냥을 지급하고 만일 친족 간에 잘 되었니, 못 되었니 같은 잡담이 오고 간다면 관아로 가서 바로잡으라는 상투적인 어구로 끝을 맺고 있습니다. 남편이 수결서명을 하고, 정필訂筆도 수결합니다.

이 문서에는 흥미로운 부분이 곳곳에 보입니다. 그 첫 번째는 붓을 잡은 주체가 아내를 '김씨'라고 호칭하는 것을 통해 중인 이상의 지체 있는 집안에서 작성했다는 것을 알 수 있고, 두 번째는 거액의 금전을 주고받고서 혼인 관계를 청산했다는 점, 세 번째는 남편이 본명이 아닌 자字를 사용하고 있다는 사실입니다. 보통, 중인 이상의 여성들은 씨氏를 사용했습니다. '김씨', '이씨'로 불렸지요. 반면 평민 여성들은 성姓이나 조이召史로 불렸습니다. 김성, 이성 또는 김조이, 이조이가 그 호칭입니다. 그보다 더 신분이 낮은 천민 여성들은 덕德이나 예乂로 불렸습니다. 이 문서에는 본처 김씨로 표현하고 있습니다. 이는 이혼한 부부가 평민은 아니라는 사실을 대변합니다.

또 주목할 점은 혼인의 관계를 금전金錢으로 청산했다는 사실입니다. 이는 오늘날과 동일한 부분이라 더욱 흥미를 끕니다. 200냥이라는 거액의 위자료를 지급했다는 점도 놀랍습니다. 당시 초가 한 채가 보통 30냥 정도 했으니, 초가 여섯 채는 사고도 남는 금액을 부인이 받아간 것이지요. 세를 놓고 산다면 평생 부족함 없이 살 수 있을 금액으로 판단됩니다.

경제력 없는 여성에게 이혼이 큰 금전적 손실의 굴레를 배우는 것은 고금을 막론한 불변의 진리입니다. 이혼녀가 남편 없이 최소 생활을 영위할 수 있을 정도의 금전적 보상이 필요했을 겁니다. 다행히도(?) 남편 임문숙은 위자료 명목으로 200냥 정도는 거뜬히 지급할 수 있는 재력가여서 이 부부의 이혼은 별 탈 없이 성립할 수 있었겠지요.

마지막으로 살펴볼 것은 남편의 이름 중에 문숙文叔이라는 표현은 본명이 아니라 친구 사이에 흔히 쓰던, 또 다른 이름인 자字라는 사실입니다. 문숙이라는 표현 덕분에 임문숙이 김씨의 남편이라는 사실을 더욱 확증할 수 있었습니다. 왜냐하면, 조선시대 당시 남편이 부인에게 보낸 편지 중에 이름 대신 자字를 쓰는 사례가 많았습니다. 대표적인 케이스가 호연재 김씨의 남편 송요화입니다. 송요화는 절친한 친구에게 보내는 편지 마냥 '춘유'라는 본인의 자를 적고, 호연재 김씨에게 서찰을 보냈습니다. 부부지간은 단순한 남녀 관계가 아니라 내면까지 공유하는 지음 같은 사이였으니까요. 하지만, 문서의 주인공인 이 부부는 지음과 같이 다정한 사이는 아니었습니다. 지긋지긋한(?) 부부관계를 하루빨리 청산하고 싶다는 듯이 휘갈겨진 남편 임문숙의 성의 없는 서명은 이 같은 사정을 대변하고 있기 때문입니다.

지금까지 우리는 조선시대 부부의 이혼과정을 고문서 한 장에서 살펴보았습니다. 부인의 실책을 탓하는 내용, 금전을 주고받고서 상호 간에 합의하는 과정, 또 불평불만이 있다면 관청에 가서 고하라는 말, 이 모두가 지금 우리의 모습과 별반 차이가 없어 흥미롭지 않으신가요?

13   어느 영어학교
학생의 성적표

    이번에 소개해드릴 내용은 만들어진 지 100년 밖에 안 된 따끈한(?) 문서인 '도강기都講記'와 관련된 에피소드입니다. 이 문서의 소장자가 누구이며 또 어느 곳에 있는지 저는 모릅니다. 게다가 '도강기'란 문서에 대한 연구가 일절 이루어지지 않아서 참고할 논문조차 없습니다.

    도강기는 오늘날 성적통지서에 해당하는 문서입니다. '도강都講'이란 말은 서당에서 흔히 쓰이던 어휘로 '종합시험'을 의미하는 우리 고유의 전통 용어입니다.

    근대학교에서도 이런 종합시험인 '도강'을 1년에 두 번, 즉 하절기와 동절기를 나누어 보고, 그 성적을 기록한 것이죠. 이제 문서를 천천히 살펴봅시다.

    우측 첫머리엔 '관립영어학교官立英語學校'라고 적혀 있네요. 관립영어학교는 교육조서의 반포로 인해 1895년 설립된 외국어학교 중 한 곳입니다. 당시에 중국어, 일본어, 영어, 프랑스어, 독일어, 러시아어 6개 언어를 가르치는 학교가 존재했다고 합니다.

융희 원년(1896년)에 제작된 도강기
오른편 하단에 '이원기'라는 이름이 보인다. 개인소장본

1882년 맺어진 조미수호통상조약엔 거중조정居中調整*의 조항이 삽입되었습니다. 이로써 조선의 우방국이 된 신흥 강대국 미국과의 교섭이 중요시됨에 따라 영어학교는 중국어나 일본어와 같이 2~3년의 단기 과정이 아니라, 무려 5년 과정으로 하여 15살에서 20살 사이의 인재들을 모아 공부시켰다고 합니다.

이렇게 본다면, 조선이 그저 둔하고 미련한 나라는 아니었던 것으로 판단됩니다. 오늘날 4년제 대학의 수학 연한보다 긴 교육 과정을 지니고 전략 언어를 가르칠 정도로 깨어 있었으니까요. 다음을 읽어 볼까요?

제2반 제5좌 이원기李源綺라고 적혀 있네요. 성적표의 주인은 이원기라는 학생입니다. 이 학생은 공부를 잘했나 봅니다. 2반에 속해 있습니다. 성적이 좋은 우수생들은 1반이나 2반, 앞자리 수에 해당하는 반에 들어갔다고 하니까 말이죠. '5좌'라는 말은 5번째 자리에 앉아 공부하는 학생이라는 뜻일 겁니다. 즉 5좌는 지금의 출석번호로 보입니다. 그다음 보이는 것이 당시 영어학교에서 배웠던 과목들입니다. 100여 년 전 조선의 영어학교에선 무엇을 배웠는지 알아봅시다. 한 글자씩 읽어 봅시다.

영어번역英語繙譯 /한문번역漢文繙譯 /독법讀法:Reading /작문作文:Writing

서취書取: Dictation /회화會話:Speaking /산술算術:Arithmetic /사자寫字:Lettering

문법文法:Grammar /지리地理: Geography

무려 10과목을 배웠습니다. 만만치 않습니다. 당시 외국어학교에선 한문을 영어로, 영어를 한문으로 번역하는 번역을 주로 한 것으로 보입니다. 산술과 지리 역시, 원어 그대로 서양의 수학과 지리를 배웠다 합니다. 당시 외국어학교를 다닌 사람들의 증언입니다. 정말 수준 높은 교육이었던 걸로 보입니다. 지금과 비교해도 전혀 손색이 없습니다. 그럼 이젠 이원기 학생의 성적을 살짝 훔쳐보도록 합시다.

참고로 당시 도강기는 부모님께도 통지했다고 하니, 학부모가 읽을 수 있도록 영문이 아닌 한문으로 기록했나 봅니다. 우리는 현재 학교 선생님이나 부모님만이 볼 수 있던 100년 전 조상님의 성적표를 몰래 보고 있는 셈입니다. '원획原畫'이란 글자가 보입니다. 원획은 총점을 말하는 것으로 보입니다. 획畫은 '긋다'라는 의미입니다. 예전 서당에서 강講, 시험을 볼 때, 맞고 틀림에 따라 훈장님이 획을 그어 취득 점수를 매겼다고 합니다. 이를 강획講畫이라고 불렀습니다. 서당에서 쓰던 기존 용어를 혁파하지 않고 그대로 신식 외국어학교에 적용한 점이 특이합니다. 이런 면을 볼 때, 조선 정부는 모든 것을 한 번에 바꾸는 급진 개혁이 아니라, 서서히 바꾸어나가는 소위 연착륙 성향의 개혁을 추구한 것 같습니다.

계속 읽어보니 '강획'이란 말이 또 나옵니다. 여기에서 강획은 학생이 득점한 점수입니다. 평균 획이 또 보입니다. 평균 획은 전체 학생의 평균 점수일 겁니다. 즉 영어번역의 총점은 100획인데, 이원기 학생은 65획을 획득했음을 알 수 있습니다. 얼마나 잘 본 것일까요? 학생들의 평균 점수는 56획입니다. 평균보다 9획

서예 글씨를 평가한
점수에 대한 기록

이 높은 우수한 성적입니다. 이원기 학생은 이번 도강의 영어번역시험을 잘 본 거 같습니다. 다른 과목을 봅시다.

한문 번역은 66획^{평균점수 67획}, 독법 점수는 68획^{평균 68획} 작문 점수는 82획^{평균 68획}, 서취 점수는 98획^{평균 90획}, 산술 점수는 67획^{평균 62획}, 사자^{寫字: 영문 필기체 쓰기} 점수는 84획^{평균 74획}, 총점 670획 만점에 530획을 획득했습니다. 학생들의 평균 점수는 485획입니다. 이원기 학생은 다른 학생들보다 평균 45획이 높습니다. 상급반에 속했던 우수생임이 분명합니다. 그런데 회화와 지리 그리고 문법은 시험을 보지 않았던 것 같습니다. 그 이유는 아마도 2학년 과목이 아니어서 그런 것 같습니다.

계속 도강기를 분석해봅시다. 첫 칸에는 번외로 본 한문사자^{漢文寫字, 서예} 점수가 기록되어 있습니다. 83획을 취득했습니다. 외국어학교에서 서예도 가르쳤나 봅니다. 아무튼, 신기합니다. 그 다음 칸엔 '본반현유이십인^{本班現有二十人}'이라고 적혀 있습니다. 2반의 학생 총원이 현재 20명임을 알 수 있습니다. 또 다음 칸부터는 이원기 학생의 생활 기록 사항으로 보입니다. '취교^{就校}'는 학교를 얼마나 잘 나왔느냐를 평가한 거 같습니다. '호^好'는 그냥 '좋다'는 의미입니다. 오늘날로 치자면 수우미양가중에 '우^優'에 해당하는 거 같네요. '품행^{品行}'은 말 그대로 품성과 행동입니다. 이원기 학생의 인성이 궁금해지네요. 한번 볼까요?

'甚好而最喜嬉笑 심호이최희희소'

부족한 실력이지만 한번 해석해보겠습니다. '매우 좋으나, 그 중 가장 기쁜 것은 장난스레 웃는 것'이라고 평가했습니다. 품행은 아주 단정했지만 이원기 학생은 깔깔거리며 웃는 걸 상당히 좋아했나 봅니다. 선생님들에게는 이원기 학생의 이러한 천진난만한 행동이 인상적이었나 봐요. 재밌습니다. 심호甚好는 수우미양가 중에 '수秀'에 해당하는 걸로 판단됩니다. 계속 가봅니다.

진익進益은 학업 성취도입니다. '심호'라고 적혀 있는 걸로 보아 실력은 날이 갈수록 일취월장했음을 알 수 있습니다. 역시 머리 좋은 학생이었네요. 아랫부분에 수석교사의 이름이 적혀 있습니다. '할치신轄治臣'입니다. 이름을 한문으로 음차한 것으로 볼 때 분명 우리나라 사람은 아닙니다. 누굴까요? 저도 인터넷에 찾아보았습니다. 영국인 교사인 '허치슨'이란 분입니다. 《조선왕조실록》에 허치슨을 검색해보았습니다. 앗! 허치슨의 기록이 있습니다!

1899년 대한 광무光武 3년 영어 교사 허치슨에게 종2품 금장을 하사하도록 하다.

조령詔令을 내리기를, "영어 교사 허치슨轄治臣 : Hutchison, W. du. F.이 다년간 교육에 종사하여 수고를 한 것이 가상하니, 특별히 종2품 금장金章을 하사하라" 하였다.

《고종실록》 39권, 고종 36년 5월 20일 양력 4번째 기사

영어교사로 관립 영어학교에 재직한 것이 확실하고, 교육의 공

로가 지대하여 황제로부터 금장을 하사받았음을 알 수 있습니다. 역시 《조선왕조실록》엔 별것이 다 기록되어 있네요. 마지막으로 도강기가 발급된 연도가 기록되어 있습니다. 건양 원년 1월입니다. '건양'은 을미개혁으로 태양력을 사용하기 위해 김홍집 내각에서 발표한 우리나라 연호입니다. 건양 원년은 1896년_{고종 32년}입니다. 즉, 기말고사 성적표는 1896년 1월에 발송되었음을 알 수 있습니다. 도강기는 여기서 끝이 납니다.

하지만, 우리는 이원기 학생의 근황이 궁금합니다. 그는 어떻게 살았을까요? 우수한 학생이었으니 근대화에 헌신한 인재로 거듭났을까요? 《조선왕조실록》을 찾아보았습니다. 그러나 검색 기록이 없습니다. 난감합니다.

하지만, 더 상세한 기록물이 있습니다. 바로 《승정원일기》입니다. 《승정원일기》를 검색해보니, 이원기 李源綺 학생의 이름이 보입니다! 1886년부터 그의 행적이 있군요. 그런데 과연 영어학교 학생 이원기가 《승정원일기》에 등장하는 이원기와 동일 인물일까요?

일단, 계속 분석해 봅시다. 《승정원일기》 2953책 (탈초본 135책) 고종 23년 10월 16일의 기사에 보면 1886년 승문원* 사자관** 수습생 이원기에게 군직을 부여하고 관대를 착용해 일을 보라고 명하고 있습니다. 이 기사를 통해 이원기이라고 지칭되는 인물은 중인 가문의 자제였던 걸로 보입니다. 사자관은 글씨를 쓰는 관리를 의미하는데 역학, 의학, 산학, 율학과 더불어 중인들이 세습하던 직업입니다. 《승정원일기》 기사에서 의미 있는 부분을 발견

*
외교에 대한 문서를 맡아보던 관청.

**
문서를 다루고 관리하는 직책.

했습니다.

　1894년 승문원 사자관의 실직實職에 오른 이원기의 이름이 갑자기 보이지 않다가, 1899년 다시 양지아문*** 기수보技手補가 되어 등장합니다. 1895년은 영어학교가 개교한 날이며, 1899년은 영어학교의 첫 졸업생이 배출된 해입니다. 앞서 말씀드렸듯이 영어학교는 수학 기간은 5년이니 정확히 맞아떨어집니다. 요약해보면, 이원기 학생은 승문원의 하급관청인 사자관청 사자관으로 근무하던 1895년 어느 날, 영어학교가 개교하자 무슨 결심인지 몰라도 영어를 배우기 위해 학교에 입학했습니다. 그래서《승정원일기》에 그의 행적이 사라졌고 1899년 영어학교를 졸업하자마자, 다시 양지아문의 관리가 되어 다시 등장한 것입니다. 분명 영어학교의 이원기 학생과 동일 인물임에 틀림이 없습니다. 조선의 중인계층은 의식이 열린 사람들이었고 역관 계층을 이루던 부류라 그들이 외국어학교에 입학하는 건 이상한 일이 아닙니다.

　이쯤에 이르자, 저는 감탄할 수밖에 없었습니다. 조선의 기록 정신을 말입니다! 개인의 일생을 이렇게 자세하게 추적할 수 있다니요!《승정원일기》는 세계 최고의 기록물이 아닐까 하는 생각이 뭉게구름처럼 피어나고 있습니다. 유네스코에서 이 일기를 세계기록유산으로 지정한 것도 다 이유가 있었던 것 같습니다.

　그런데 여기서 의문 하나가 생깁니다. 이원기 학생이 양지아문의 기수보가 된 건 무슨 이유에서일까요? 좀 더 살펴보도록 합시다. 그가 근무했던 양지아문은 광무개혁의 일환으로 1898년 전국의 토지를 측량하고자 탁지부 산하에 설치한 관청입니다. 토지

측량은 근대화를 위해선 필수불가결한 작업입니다. 특히 광무개혁으로 인해 한양도성에는 많은 발전이 있었습니다. 소공동엔 미국의 월스트리트 같은 은행가가 조성되었습니다.

종로엔 전차가 부설되었고 가로등이 설치되었으며 지저분한 가가假家가 철거되었습니다. 하천과 도로 정비 역시 이루어졌습니다. 이런 작업 덕분에 외국인들은 5년 전과 달리 크게 발전한 한양 거리를 보고 극찬하기도 합니다. 이런 근대적 도시 정비를 위해선 토지측량이 필수적이었습니다. 측량을 도맡던 인물은 바로 미국인 크럼Krumn, R.E.L인데요. 대한제국 정부는 크럼을 양지아문의 수기사로 임명했습니다. 이원기와 같은 한국인 출신의 기수보를 가르치고선 전국에 산재한 토지를 측량하려고 계획했던 것 같습니다.

정부는 통역 실력이 탁월한 영어학교 출신의 이원기를 양지아문으로 보내 기수보 임무를 맡겼던 겁니다.《승정원일기》에 기록된 이원기의 행적 역시 일관되게 양지아문의 일을 맡았던 걸로 나옵니다.

하지만 1906년을 마지막으로 그의 이름이 보이지 않습니다. 탁지부 양지아문의 기수직을 의원면직하며 퇴직해버린 겁니다. 이유는 일본과의 병합이 진행되면서 더 이상의 근대화 작업이 중단되었기 때문이죠. 참으로 아쉬운 일이 아닐 수 없습니다. 일본이 우리나라를 근대화시켜 주었다고 배웠지만, 실상은 전혀 달랐습니다. 1876년 개항 이후 꾸준히 우리 손으로 근대화 작업이 이루어졌으며, 그에 따라 필요한 인재들도 키우고 있었습니다.

THE LARGE SQUARE HERE IS SPACE
IN FRONT OF CHOSEN BANK, KEIJO.
朝鮮銀行の前大廣場 （京城）

구한말 조선은행(現 한국은행)의 모습
1897년 광무개혁으로 소공동에 은행 거리가 조성되면서,
뉴욕의 월스트리트와 같은 금융가가 등장했다. 개인소장본

양지아문 수기사 크럼의 측량 모습
국가 기록원 소장본

일본이 우리나라를 침탈하지 않았다면 분명 우리의 자력으로 근대화의 숙원을 이룰 수 있었을 겁니다.

　이원기 학생은 얼마나 침울했을까요? 배울 만큼 배워서 이제 막 조국의 근대화를 위해 헌신하려던 차에 망국을 맞이했으니까요. 친구들과 장난치며 해맑게 웃던, 그의 천진난만한 미소도 나라의 부침과 함께 영원히 사라졌을 겁니다.

📻 재미있는! 역사상식

조선 말에는 여러 차례 개혁이 등장한다. 흥선대원군은 경복궁 재건과 군비 증강에 힘썼고, 그의 아들인 고종은 광무개혁을 통해 식산흥업殖産興業에 열을 올렸다. 그런데 여기서 의문점이 하나 생긴다. 조선 말기의 재정은 형편없었다고 하는데 개혁의 자금줄은 도대체 어디에서 나왔느냐 말이다. 그것은 바로 홍삼이었다. 홍삼 무역으로 인한 세금 수입을 왕실과 정부에서 관리하였는데, 조선 홍삼이 아편 치료에 탁월하다는 소문이 청나라에 돌자 세입이 급격히 늘었다고 한다. 이때 벌어들인 왕실 재원으로 흥선대원군과 고종황제가 개혁을 시도할 수 있었다.

14 조선에서 로마제국의 흔적을 발견하다! 대한제국 독수리 우표의 비밀

대한민국에 남아 있는 유물 중에는 그 유래를 알 수 없는 것들이 너무나도 많습니다. 대표적인 것이 바로 신라의 황금보검으로 잘 알려진 경주계림로慶州鷄林路 보검입니다. 이 보검은 신라 유물이 아닙니다. 서역西域에서 가져온 것으로 봅니다. 이렇게 뜬금없이 우리 역사에 출현한 유물들은 대부분 우리나라 밖에서 수입된 것이죠.

18세기 조선에 갑자기 등장한 책가도冊架圖 역시 그렇습니다. 전통적인 우리나라 그림에서는 발견되지 않는 원근법과 소실점이 책가도에선 등장합니다. 서양화 기법이 가미된 이 유물은 청나라에서 유행한 다보각경多寶各景이라는 병풍에서 유래했습니다. 재미있는 사실은 다보각경이 청나라의 고유한 그림이 아니라 이탈리아의 서재를 묘사한 '스투디올로Studiolo'에서 영감을 얻어 제작되었다는 것입니다. 그러니까 책가도는 이탈리아에서 출발해 청나라를 거치고, 종착지인 조선으로 들어온 셈이죠. 물건들의 중개자는 다름이 아니라, 예수회 신부들이었습니다.

경주계림로 보검
중앙아시아에서 유래한 것으로 추정된다.
경주국립박물관 소장

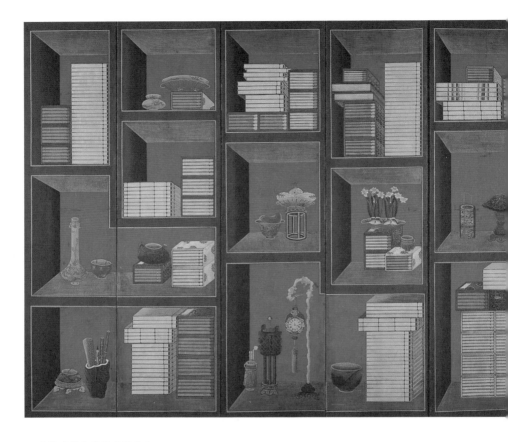

조선 후기에 유행했던 책가도
고동 기물의 수집과 같은 문방청완文房淸玩의 귀족적 풍조가 18세기부터 성행했다.
책가도는 이러한 조선 후기 지식인의 물질적 욕망을 잘 보여주고 있다.
그림에는 동양화에서 찾아보기 힘든 소실점들이 보인다. **가회민화박물관 소장본**

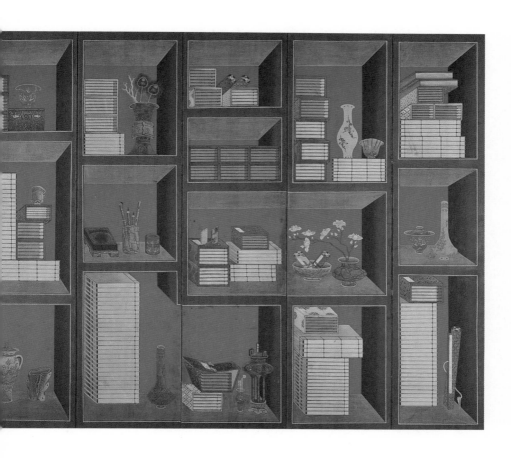

〈**호기심의 방** Cabinet of Curiosities〉

문예 부흥기인 르네상스가 유럽 전역에 도래하자, 서양 귀족들은 외국에서 구해온
자신의 수집품들을 과시하기 위해 자신의 서재 Studiolo 또는 캐비닛 Cabinet에
전시하기 시작했다. 이는 곧 박물관의 시초였다. 서양의 상류층으로부터 출발한
물질의 과시적 풍조는 청나라를 거쳐, 조선 후기에 유행하던 책가도의 원형이 된다.

도메니코 렘프스, 피에트레 두레 공방 박물관 소장본

동·서양의 가교가 된 예수회 신부들

17~18세기 중국에서는 복음을 전파하기 위해 서양인 선교사들이 활동했습니다. 대표적인 사람이 이탈리아 선교사인 마테오 리치Matteo Ricci, 1552~1610입니다. 마테오 리치는 조선에서도 '리마두利瑪竇'라는 중국식 이름으로 잘 알려져 있습니다. 그의 저서 《천주실의》와 그가 편찬한 세계지도 〈만국곤여지도〉는 조선에까지 수입되어 우리나라 유학자들에게 커다란 지적 충격을 가져다주었거든요.

18세기를 살았던 조선 선비 이기지李器之, 1690~1722는 아버지 이이명李頤命, 1658~1722을 따라 북경을 방문한 적이 있습니다. 그곳에서 정자관을 쓰고, 유복을 입은 마테오 리치의 초상화를 감상했는데, 이기지는 그를 바라보며 고명한 유학자를 떠올리기도 했습니다.

마테오 리치는 사서삼경四書三經을 공부한 예수회 신부였습니다. 반은 유학자요, 반은 신부님이었던 셈이죠. 마테오 리치는 뛰어난 암기력으로 한문으로 된 유학 경서를 단번에 익히고 그 이론을 기독교 사상에 접목하여 복음을 전파할 사명을 세웠습니다. 그는 사대부 복장으로 중국의 학자들과 사귀며 황제가 사는 북경에까지 입성할 수 있었습니다. 황제를 만나 그를 개종시키면 중국을 하느님의 나라로 만들 수 있다는 것이 그의 포교 전략이었습니다. 북경에서 명나라 황제 만력제萬曆帝를 만난 마테오 리치는 드디어 교회를 세워도 좋다는 허락을 받아냅니다.

마테오 리치가 개척한 예수회의 선교 활동은 청나라의 4대 황

마테오 리치 초상화

제인 순치제順治帝에 의해 더욱 활발해집니다. 마테오 리치의 부름을 받아 중국으로 입국한 아담 샬은 서양문물을 좋아했던 순치제의 신임을 듬뿍 얻어 근신近臣으로 활약한 사람이었기 때문입니다. 그런데, 이 독일 출신 아담 샬도 우리나라에서 잘 알려진 인물입니다. 1644년 두 달 동안 북경에 머물고 있던 소현세자가 아담 샬과 교류하며 서양문물을 접했다는 사실로 말입니다.

소현세자는 아담 샬의 영향으로 천주교에 호의를 지녔고 천주교도인 중국인 내시와 궁녀를 조선으로 데려왔다는 구전口傳도 있지만, 진실 여부는 알 수 없습니다.

소현세자와 친교를 맺었던 아담 샬은 황제의 뒷배를 얻어, 북경에 남당南堂이란 교회를 세운 이후 무서운 속도로 교세를 확장했습니다. 1681년을 시점으로 청나라에는 교회 240여 곳이 있었으며 신자 24만 명이 활동할 정도로 천주교가 번성했습니다. 하지만 거기까지였습니다. 중국 황제는 서양문물의 우수성은 인정했지만, 통치이념으로 받아들이기를 거부했기 때문이죠. 옹정제雍正帝는 아예 천주교의 포교를 금지해버렸습니다. 오늘날 중국에서 가톨릭교의 존재감이 미약하다는 걸 상기해보면 마테오 리치로부터 시작된 '위로부터의 포교 원칙'은 실패한 셈입니다.

포교가 실패했다고 해서 서양문물의 우수성마저 사라진 것은 아닙니다. 천문학에 능통했던 아담 샬은 천문을 관장하던 흠천감欽天監의 관원으로 근무하면서 중국의 고유 역법을 서양 역법인 시헌력時憲曆으로 고치는 데 결정적인 공헌을 했습니다. 또, 건륭제의 궁정화가이자 예수회 신부인 주세페 카스틸리오네중국식 이름

이탈리아 출신 궁정화가 낭세녕의 〈다보각경 多寶閣景〉
이탈리아 서재를 의미하는 스튜디올로의 영향을 받은 다보각경은
조선의 책가도에 영향을 주었다. 플로리다 제임스 모리세이 소장본

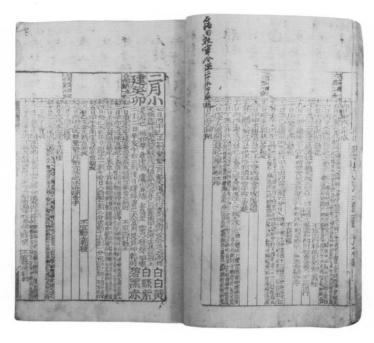

서양 역법이 가미된 시헌력

시헌력은 태양의 고도에 따라 24절기를 정하고 있지만, 태양력이 아닌 태음력이었다.
서양의 역법을 채택하기는 하지만, 동양의 고유 역법인 태음력도 포기할 수 없었다.

옥산자 서실 소장본

낭세녕는 서양식 투시법과 안료를 사용하여 전통을 중시하던 중국 화단에 새로운 화풍을 일으켰습니다.

조선 지식인과 서양 예수회 신부의 접촉

중국을 휩쓴 서양의 문물들은 조선에도 영향을 줍니다. 17세기 무렵부터 차츰 서양의 학문이 《조선왕조실록》에도 언급되기 시작한 것이죠. 그 중 대표적인 것이 서양 역법에 관한 논의들이었습니다. 조선은 농본국가여서 24절기에 따른 달력 제작이 무척 중요했습니다. 국왕의 권위와도 관련되었기 때문에 달력의 오차가 생기면 왕의 존엄이 손상될 정도였습니다. 조선은 연호와 역법은 중국의 것을 빌려 사용했는데, (물론 세종 시절에 우리나라 고유의 역법인 칠정산을 만들기는 했습니다) 인조 시기에 관상감觀象監 제조 김육이 청나라의 역법인 시헌력 채택을 건의하였고, 10년이 지난 효종 때 가서야 공식적으로 사용되었습니다.

이로써 조선도 서양과 마찬가지로 태양의 고도에 따라 24절기를 맞추어 사용하게 되었지요. 그런데 서양 역법의 실사용은 쉽지만은 않았습니다. 동양의 역법과 서양의 역법은 정의부터가 달랐고, 이를 이해할 수 있는 천문학자들이 조선에는 부족했습니다. 게다가 중국에서조차 탕법, 매법, 대법이라며 서양 역법이 하나로 통일되지 못하고 계속 개정되었기 때문에 조선도 이를 받아들이는 데 무척 고생했습니다. 정확한 역曆의 계산을 위해서는 조선의 천문학자들이 북경을 방문하여 서양 역법에 정통한 예수회 신부와 접촉할 수밖에 없었습니다. 조선 학자들과 예수회 신부들이 만나면서 자연스레 서양의 학문뿐만 아니라, 기물器物들도 조선에 수입되기 시작합니다. 이런 사실은 이기지의 일화에서도 확인됩니다.

1720년, 연행 사신으로 청나라를 방문한 이이명, 이기지 부자는 북경에서 예수회 신부를 만납니다. 당시 사행 기록인《일암연기》에는 비교적 상세하게 조선과 유럽의 만남이 서술되어 있습니다. 이이명의 자제 군관 신분이던 이기지는 비교적 활동이 자유로웠나 봅니다. 그는 북경을 체류하던 62일 가운데 30일을 서양인 신부를 만나는 데 썼습니다. 포르투갈 신부 수아레스, 프랑스 신부 레지, 독일 신부 괴글러 등은 그가 만난 유럽인들입니다. 보통, 조선 사람이 천주교를 방문하면 숙소와 가까운 남당을 방문하지만, 이기지는 남당뿐만 아니라 프랑스 교회인 북당을 비롯해 동당, 서당까지 방문하는 열정을 보입니다.

예수회 신부들은 지적 호기심이 왕성한 이 공자公子에게 매료되어 많은 선물과 예물을 보내주었는데, 그중에는 서양 시계인 자명종, 궁정화가 주세페 카스틸리오네의 〈견도〉 그리고 가톨릭의 성물인 〈성모자상〉도 있었습니다. 조선 사람들에게 서양의 물건들은 한 시대의 유행으로 다가왔습니다. 집안에 자명종을 비치해두고 서양화를 당상堂上에 걸어 두어 감상하는 것이 서울 사대부가의 풍류로 인식되기도 했다고 합니다.

19세기 경화 사족의 일원인 두실 심상규沈象奎, 1766~1838는 가성각佳聲閣이라는 청나라풍의 저택을 지어 놓고 자명종, 천리경,

서양화 등의 기물 등을 비치해 귀족적 취향을 즐길 정도였으니, 우리의 생각과는 달리 우리 조상들의 양품洋品 선호는 상당했나 봅니다.

로마제국의 흔적이 남아 있는 대한제국의 독수리 우표

제 수집품 중에는 책가도와 같이 동·서양의 만남으로 탄생한 유물이 하나 있습니다. 그것은 바로 대한제국의 독수리 우표입니다. 대한제국의 왕실 문장을 오얏꽃으로 생각하시는 분들이 많지만, 사실 하나가 더 있습니다. 그것은 바로 우표의 도안으로 사용된 독수리입니다. 이 또한 이전 조선 사회가 유럽 출신 예수회 신부들과 접촉하면서 서양문물을 받아들인 것처럼 대한제국이 유럽세계를 이해하면서 나온 결과물입니다.

오얏꽃은 배꽃문양을 문장으로 쓰던 일본에 영감을 얻어 사용했습니다. 하지만 독수리 문양은 유럽제국들이 흔히 쓰던 독수리 문장에서 가져온 것으로 보입니다.

독수리는 고대 그리스에서 제우스의 현신으로 등장한 이래로 고대 로마에서부터 황제의 상징으로 여겨져 왔습니다. 고대 로마제국이 멸망하자 그 정통성은 동로마제국과 신성로마제국으로 이어집니다. 이들 역시 독수리를 국장으로 사용하게 되는데 동로마 제국은 동서 로마제국을 통합한다는 의미로 쌍두독수리를 만들어 사용했고 신성로마제국 역시 고대 로마제국을 계승한다는 의미로 독수리를 상징화했습니다. 그렇다면 대한제국은 왜 독수

대한제국 1 전짜리 독수리 우표

서울의 어느 우표 판매점에서 단돈 5천 원에 구입했다.
독수리가 대한제국의 상징이 된 것이 궁금하던 차 우연히 만나게 된 것이다.
시중가보다는 약간 비싸게 구매했지만, 역사적인 사연이 있어서 매입했다.
독수리는 로마와 유럽제국의 상징이었지만, 한국은 과감하게 이를 받아들였다.
그리고 제국의 상징으로 삼았다. **필자 소장본**

리 문장을 사용하게 된 것일까요?

그 사연은 역사적 사건과 얽혀 있습니다. 1897년 러시아 공사관에서 돌아온 고종은 황제국을 선포하고, 조선이란 나라 이름을 대한으로 개명했지만 국권은 여전히 강대국 사이에서 풍전등화의 신세였습니다. 이런 현실 속에서 유럽국가의 절대왕정체제를 모방하여, 황제 중심으로 군사력과 경제력을 끌어올릴 필요가 있었습니다. 유럽에서는 독수리가 황제의 힘과 권위를 상징하므로 대한제국 역시 황제의 그것을 위해 빌려 쓴 것이 아닐까 짐작됩니다. 이 독수리 우표는 1903년 대한제국의 고문인 끌레망세^{한국명 길맹세}가 프랑스에서 발행한 것인데요. 동양에 호기심을 가진 외국인들에게 판매했습니다. 그래서 인쇄상태와 끝매무새가 좋았다고 합니다.

이제 우표의 내용을 하나하나 분석해 봅시다. 독수리 날개는 보호를 의미합니다. 여덟 개의 태극은 조선 팔도八道를 상징합니다. 그러니까 대한제국 전역이 황제의 보호를 받고 있다는 것이죠. 독수리의 왼쪽 발톱이 쥐고 있는 것은 검입니다. 이것 역시 황제의 무력을 상징합니다. 오른쪽 발톱이 쥐고 있는 것은 지구본으로 개방을 상징합니다. 또, 가슴에 새겨진 전통문양인 태극팔괘는 조선왕의 상징이던 팔괘 형식의 어기御旗를 모티브로 하여 가져온 것으로 생각됩니다.

이 우표는 근대화를 시도한 광무개혁의 '구본신참舊本新參•' 원칙에 따라 전통문양과 서구문물을 잘 혼용해 만들어진 것이었습니다. 하지만, 이러한 근대화의 노력에도 이 독수리 우표는 2년

•
옛것을 기반으로 새것을 참고한다

만에 발행이 중단됩니다. 1905년 일본과 맺은 을사늑약에 의해 우편 사업도 일본으로 강제 접수되었기 때문이죠. 어떻게 보면 우리의 서구화는 유럽 출신 예수회 신부와의 만남에서 시작되었다가 유럽제국의 상징인 독수리 우표로 마감이 된 것이 아닌가 싶습니다. 이런 역사적 전개는 항상 아쉬움을 남깁니다. 역사에는 '만약'이 없다고 하지만, 조선이 유럽의 서양인 선교사를 조우했을 무렵, 그들을 초청해 서양의 기술을 받아들였다면 역사의 흐름이 조금은 바뀌지 않았을까 하는 생각을 해봅니다.

🔓 재미있는! 역사상식

조선시대에도 달력이 있었다. 이를 책력이라고 불렀는데, 시대마다 그 명칭은 달랐다. 조선 중기까지는 명나라의 대통력大統曆을 사용했고, 조선 후기엔 청나라의 시헌력時憲曆을 도입하여 달력으로 사용했다. 조선 말기에 들어서 달력의 재질이 점차 조악해지는데, 나라의 재정 형편이 그만큼 나빠지고 있었다는 증거이다. 재미있는 사실이 있다면, 시헌력의 명칭이 갑자기 시헌서時憲書로 바뀐 점이다. 그 이유는 청나라 건륭황제의 이름이 홍력弘曆이었는데, 시헌력의 '역曆'자가 홍력의 '역曆'과 같아서 이를 피휘避諱하여 바꾼 것이었다.

15

한국인도 몰랐던
족보의 진실을 파헤치다

일제강점기 시절, 인쇄기 속에서 가장 많이 돌아가던 책의 종류가 뭔지 아시는지요? 그것은 한 가문의 세계世系를 정리한 족보族譜였습니다. 총독부에서 여러 서적을 검열했지만 이상하게도 족보만큼은 관대할 정도로 출판허가를 잘 내주었다고 합니다. 한국인들의 조상 모시기가 관습상 무척 중요하다는 것을 일본인들도 인식한 듯합니다.

본래 족보라는 것은 중국의 종법宗法 사상으로부터 시작되었습니다. 주나라 시절, 적장자 계승원칙이 천명되어 천자의 집안이 대종大宗, 큰 집안이 되어 천하를 다스리고, 방계들은 소종小宗, 작은 집안이 되어 각 지역의 봉토를 지배하게 되었습니다. 주나라에서 봉건제라는 통치시스템을 만들면서 그 사상적 기반이던 종법 제도가 정착되었죠. 이때 부계와 관련된 씨氏를 내려주는 제도도 시작되었습니다. 그래서 주나라 시대에 종법의 핵심인 부계父系의 혈통을 기록한 보譜•라는 것이 있었으리라 추정하고 있습니다.

본격적으로 족보가 출현한 시대는 역사서의 편찬이 활발했던 한漢나라 시절입니다. 나라의 역사인 통기統記, 지방의 역사인 군

•
당나라의 학자인 유지기는 자신의 저서 《사통(史通)》에서 "보(譜)라는 명칭은 주나라에서 시작되었다"라고 언급했다.

현지郡縣志, 개인의 역사인 전기와 행장 등이 이 시대에 나왔으니, 황제와 제후 가문의 역사를 기록한 세보世譜가 한나라 때 나온 것은 이상한 일이 아닙니다.

••
구품중정제의 본래 취지는 개인의 능력과 덕성에 따라 관직을 부여하는 것이었는데, 본래의 취지와는 달리, 귀족 가문의 위세에 따라 개인에게 버슬의 품계가 정해지는 폐단이 발생했다.

위진남북조시대에는 '구품중정제'••라는 가문의 위계에 따라 개인에게 관직을 수여하는 제도가 정착되자, 이 시대에는 문벌門閥이 크게 형성되었고 가문의 혈통을 자랑할 수 있는 족보편찬이 크게 유행하게 됩니다. 나라에서도 보도국譜圖局이라는 관청을 두어 각 가문의 족보를 모아 관찬형식으로 편찬하기도 했지요. 정부에서 인재를 뽑을 때, 가문의 족보를 보고 선발했으니 가문들은 자신의 족보를 미리 잘 정비하고 있어야 했을 겁니다. 또, 위진남북조시대는 문벌 귀족사회였으므로 가문끼리 혼인하면서 귀족 여부를 증명할 족보가 필요했을 터이죠.

우리나라의 경우, 족보가 출현한 것은 대략 고려시대로 추정하고 있습니다. 성씨와 본관이라는 것이 본격적으로 출현한 때가 고려시대이고, 고려왕조의 관청 가운데 왕실 족보를 주관하던 전중성殿中省의 이름이 보이기 때문입니다. 왕실뿐만 아니라 왕실 외척인 재상지종宰相之宗 가문에서도 가문의 위세를 자랑하기 위해 직계 및 팔조고도와 같은 족보를 작성하는 것이 통례였다고 합니다.

대구 서씨 세보

정간井間 형식의 책자로 구성되어 있다. 20만 원을 주고 낙질본 4책을 구입했는데 권당 5만 원에 산 셈이다. 서울의 달성 서씨 가문은 대구라는 본관을 새로 만들고선 달성 서씨에서 떨어져 나갔다. 그 이유는 시골의 달성 서씨들과 구별 짓기 위함이었다. 영조의 장인인 서종제의 이름이 보인다. 딸인 정성왕후는 왕비가 되자 이름이 익명 처리되었다. 그리고 대두법에 따라 아버지를 제치고 족보 맨 위쪽으로 이동했다. **옥산자 서실 구장본**

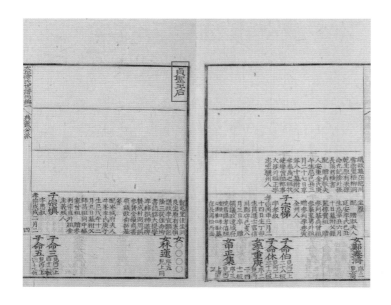

양반 사대부의 구별 짓기, 조선 후기 족보들

제가 소장했던 유물 가운데 하나가 대구 서씨大丘徐氏 족보입니다. 이 가문은 조선 후기에 경화세족으로 유명했던 왕실 외척입니다. 대구 서씨 집안이 족보를 처음 편찬한 때가 조선 후기 1736년영조 12년입니다. 대구 서씨와 마찬가지로 왕실 외척 가문으로 유명한 청풍 김씨 집안도 조선 후기인 17세기 중엽에 처음으로 족보가 간행되었지요.

그런데 이상한 일입니다. 국사 교과서에서는 이보다 훨씬 이른, 조선 전기부터 안동 권씨 족보인 〈성화보〉가 편찬된 것으로 나오는데, 벌문閥門이던 대구 서씨, 청풍 김씨 집안은 왜 이리도 늦은 시기인 17세기 무렵부터 족보를 편찬한 것일까요? 여기에는 복합적인 이유가 있었습니다.

임진왜란과 병자호란으로 인해, 명망 있는 집안의 족도族圖, 가승家乘, 가첩家牒들이 모두 불에 타 사라졌습니다. 이를 다시 만들기 위해서는 어느 정도 경제력과 인쇄술이 바탕이 되어 있어야 하는데 두 가지 전제요건을 모두 충족하던 시기가 17세기 후반에서 18세기 전반이었습니다.

부계 중심의 종법 사상을 내용으로 한 성리학적 기풍이 조선에 뿌리내린 시점은 17세기 중엽입니다. 이때부터 종법을 근거로 중시조派始祖라는 개념이 중시되고, 각파의 종가와 사당이 형성됩니다. 그리고 종적으로 연결된 직계直系뿐만 아니라, 횡적으로 연결된 방계傍系의 결합을 위해 족보가 경쟁적으로 만들어지죠. 또 다른 이유로는 왕실 외척이자 서울 양반이 된 몇몇 성씨班

남 박씨, 대구 서씨들은 관향을 변경하여 지방의 동성동본 나주 박씨, 달성 서씨들과 떨어져 나가 다른 종족으로 행세합니다. 이를 반영해 족보를 새로 만든 것이지요.*

반남 박씨 계해보
(1683년) 서문

17세기 중엽부터는 신분제의 변동이 본격적으로 시작된 시점입니다. 부를 쌓은 상민들이 명망 있는 성씨에 의탁하고, 양반을 모칭합니다. 진짜 양반과 가짜 양반을 구분하기 위해서라도 족보 편찬의 필요성이 더욱 요구되었습니다.

위와 같은 이유로, 서울에 사는 경화세족이나 지방의 재지 사족들은 외방 수령으로 나가 있던 친인척을 통해 가문의 족보를 제작하기 시작합니다. 대규모 인쇄시설을 갖춘 곳은 오직 관아밖에 없었기 때문이죠. 사찬私撰 족보를 관에 의지해 제작한 셈입니다. 어떻게 보면 공권公權을 남용한 것일 수도 있었지만, 이런 관행은 조정에서도 허용한 듯합니다.

필자가 소장한 대구 서씨 세보는 공조판서를 지낸 서유훈徐有薰이란 사람이 1852년에 간행한 족보입니다. 이 족보는 요즘 나오는 현대판 족보와는 판이하게 다릅니다. 조선 후기의 지배이념이던 성리학적 명분론이 고스란히 남겨져 있습니다. 적자와 서자를 엄격히 구별해 놓았고 남녀 순으로 등재되어 있습니다. 양자제도가 무척이나 보편적이었고, 외손들도 출세한 외손만 선택적으로 기재했습니다.

재미있는 점이 있다면, 명문가의 족보를 통해 조선 후기 상류층의 혼인 관계를 추적할 수 있다는 사실입니다. 안동 김씨, 풍양 조씨, 청송 심씨, 양주 조씨, 대구 서씨, 여흥 민씨, 반남 박씨 등

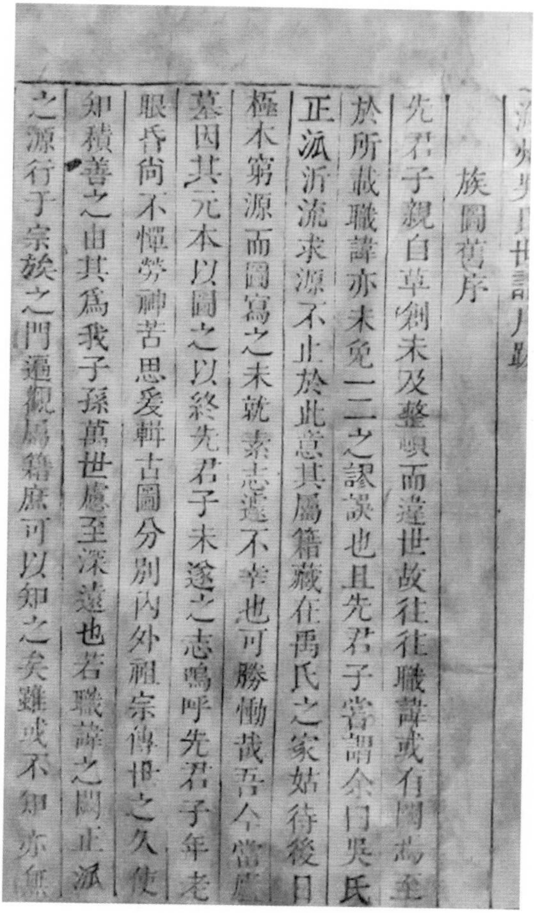
海州吳氏世譜序跋
族圖舊序
先君子親自草創未及整頓而逢世故往往職譜或有闕焉至
於所載職譜亦未免一二之謬誤也且先君子嘗謂余曰吳氏
正派沂流求源不止於此意其屬籍藏在禹氏之家姑待後日
極本窮源而圖寫之未就素志遽不幸也可勝慟哉吾今當盡
墓因其元本以圖之以終先君子未遂之志嗚呼先君子年老
眼昏尚不憚勞神苦思爰輯古圖分別內外祖宗傳世之久使
知積善之由其為我子孫萬世慮至深遠也若職譜之闕正派
之源行于宗族之門遍觀屬籍庶可以知之矣雖或不知亦無

해주 오씨 족보에 실린 해주 오씨 족도에 대한 서문

필자 촬영본

조선 후기의 군국軍國*과 기무機務**를 장악했던 경화세족들이 혼맥으로 똘똘 뭉쳐 있는 사실을 손쉽게 찾아볼 수 있죠. 마치 오늘날 재벌들이 혼맥으로 얽혀 있는 것과 유사합니다. 옛날이나 지금이나 혼인은 동일계급 내에서만 이루어지던 폐쇄적 구조의 사회제도였습니다.

•
군대의 업무와 나라의 업무를 아울러 이르는 말이다.

••
함부로 드러내서는 안 되는 국가의 중요한 업무를 일컫는다.

다양성과 형평성을 존중한 조선 전기의 족보

그렇다면 조선 전기에도 조선 후기의 족보 양태가 그대로 반영되어 있었을까요? 결론부터 말씀드리자면, 아닙니다. 족보의 구성형태 역시, 족도, 가첩, 가승처럼 간단히 직계선조와 후손들만 필사된 형식이었지, 조선 후기의 족보처럼 정간井間을 만들어 횡적으로 연결된 분파 전체를 목판에 인쇄하여 보급한 경우는 극히 드물었습니다.

대표적인 유물이 해주 오씨 족도입니다. 이 족도는 당시의 조상에 대한 인식 그리고 친족에 대한 관념을 이해할 수 있습니다. 조선시대에 간행된 해주 오씨 족보에는 서문이 실려 있는데, 한번 읽어보겠습니다.

선군자***께서 친히 초草를 잡아 만들기 시작하셨으나, 끝내 정돈치 못하고 돌아가신 까닭에 왕왕 직위와 선조의 휘자가 빠진 것이 있었다. 족도에 실려 있는 직책과 휘자에 이르러서도 역시, 한두 자씩의 오류를 면치 못함도 있다.

•••
돌아가신 아버지를 표현한 말

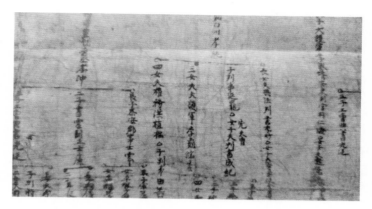

1401년에 제작된 해주 오씨 족도
조선 후기의 정간을 구획한 책자형식 족보가 아닌, 괘선형식으로 종적으로 도식화한
형태이다. 친손 이외에 외손, 진외손 등 해주 오씨와 관련한 모든 족속族屬을 기록했다.
조선시대 이전의 족보라는 것도 이런 형식이었을 것이다. **해주 오씨 종중 소장본**

선군께서 일찍이 소자에게 말하길, "오씨 정파의 내려옴에 있어 그
근원을 구한다면, 여기에 그치지 않을 것이니 이런 뜻에서 속적屬籍
이 우씨 집안에 보관되어 있어 잠시, 후일을 기다려 세밀하게 그 근
원을 연구해 그림寫으로써 이것을 만들 것이다" 하였으나, 본뜻을 성
취도 못 한 채 돌아가셨으니 불행이고, 통분함을 이길 수 없다.

내가 지금 여묘에서 원본에 따라 도식화圖式化하고 완성하여 선군자
께서 이루지 못하신 뜻을 끝냈다. 오호라! 선군께서는 나이도 많으시
고 눈도 흐릿하신데도 노고를 아끼지 않으셨다. 이내 옛 족도를 내·
외조가 전세함이 오래됨을 구분하셔서 적선積善, 선을 쌓음을 알게 하시

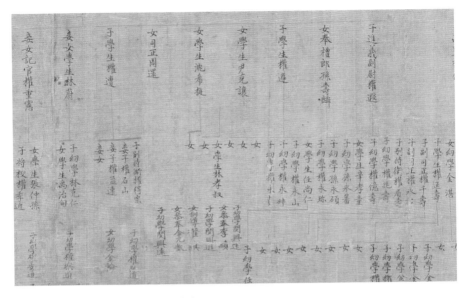

15세기 족보의 양식을 보여주는 안동 권씨 족도
해주 오씨 족도와 유사한 형태이다.
필사본이며, 안동 권씨 족보〈성화보〉보다 20년 앞선 것으로 밝혀졌다. 국립민속박물관 소장고, 이에 말미암아 우리 자손이 만대에 이르도록 계획하신 것이니 생각도 깊고, 크신 것이다. 직함과 휘자의 결여와 정파의 근원은 여러 종족 집안의 속적屬籍을 두루 찾아보면, 가히 알 수 있을 것이다. 비록 모른다고 해도 이 족도에 그리 해로움은 없을 것이다.

오선경 쓰다

이 서문에서 중요한 사실들을 발견할 수 있습니다. 조선 전기만 해도 오늘날처럼 집안마다 족보라는 것은 없었으며 이전 세대 조상의 직책이나 함자를 상고할 문서조차 제대로 구비하지 못한 것이 현실이었다는 겁니다. 타 가문에서 베껴 오거나 구전을 통해 전해오는 것을 기억해 놓고서 후손을 위해 필사한 것이 대부분이었습니다. 또, 오늘날처럼 정간井間 형식의 책자로 된 족보가 아니라 직계를 중심으로 내·외손을 모두 수록한 그림 족자 형식이 그 당시의 족보였던 것 같습니다.

해주 오씨 족도는 고려 후기와 조선 전기에 이르는 당시 가족 관념을 이해할 수 있는 중요한 고문서입니다. 고려시대 호적은 4조부, 조부, 증조부, 외조부를 기록한 조선시대 호적과 달리, 8조를 수록했다고 전해지는데요. 8조라는 것은 본가本家인 아버지의 직계 혈족, 증외가인 할아버지의 외갓집, 진외가인 할머니의 친가집, 진외증외가인 할머니의 외갓집, 외가인 어머니의 친가집, 외증외가인 외할아버지의 외갓집, 외외가인 외할머니의 친가집, 외외증외가로 외할머니의 외갓집을 통틀어 말합니다. 참 복잡합니다. 이걸 외워야 귀족행세가 가능했지요. 여덟 명의 조상이 얽히고 얽힌 혼맥을 해주 오씨 족도에서는 이 팔고조를 모두 수록하고 있습니다. 이렇듯 아버지의 혈족 이외에 어머니, 할머니, 외할머니의 조상까지 언급한다는 것은 고려 후기와 조선 전기는 여권女權이 부권父權만큼이나 우대받던 사회라는 것을 간접적으로 보여 준다고 할 수 있겠습니다.

사진 속의 족보는 안동 권씨의 세계도世系圖를 그린 두루마리 형식의 족도입니다. 이 족도를 살펴보면 조선 전기의 사회제도, 생활상을 고스란히 파악할 수 있어 무척 흥미롭습니다. 저와 같은 고문헌을 연구하는 사람들에게는 두 손에 땀을 쥐게 할 만큼 소중한 유물이죠.

우선, 이 족도는 등재순에 있어서 남녀의 차별이 없습니다. 출생순서에 따라 기재했습니다. 또, 조선 후기엔 선택적으로 기록했던 외손들도 여기선 빠짐없이 줄줄이 기록하였습니다. 안동 권씨 족도에선 해주 오씨 족도와 달리, 적서차별이 보이긴 하지만 이는 태종 때 서얼 금고에 따른 변화로 보입니다. 태종 원년에 작성된 해주 오씨 족도에선 적서차별의 양식은 보이지도 않습니다.

제가 이 족도에서 눈을 여겨본 부분은 바로 후손들의 직역職役입니다. 대부분이 유학幼學과 학생學生의 직역을 띄고 있으며 간혹 현관顯官*들도 보이므로 이 집안은 양반으로 일컬어지는 사족士族 집안입니다. 그 가운데서 제 눈을 사로잡은 사람이 있었습니다. 그는 바로 권○○의 첩녀 남편인 권중헌입니다. 권중헌은 동성동본이며 같은 권씨權氏인 이 집안과 혼인했습니다. 권중헌

* 높은 관직의 벼슬아치를 말한다.

을 포함해, 족도에서 안동 권씨끼리 혼인한 예가 7건이나 발견되고 있습니다. 조선 전기만해도 동성동본의 결혼이 허용되었다는 것을 권씨 족도에서 확인한 셈입니다. 당시에는 본관은 같지만, 계파系派만 다르기만 하면 혼인이 가능했던 것으로 보입니다.

이러한 사례는 고려시대 유풍이 강하게 남아 있는 제주에서도 발견되는 사례입니다. 제주에서는 동성동본의 김해 김씨라도 파만 다르면 혼인 관계를 형성했던 예가 다수 발견됩니다. 그러나 18~19세기 이후, 성리학적 기풍이 제주도에도 뿌리내리기 시작하자 이런 동성동본 혼인 건수는 급격하게 줄어들게 됩니다.

다시 권씨 족도로 되돌아가 봅시다. 첩녀의 사위인 권중헌의 직역은 기관記官**입니다. 기관은 향리의 업業입니다. 즉, 사족의 후손이 아니라는 것을 의미합니다. 이를 입증하듯 권중헌의 아들 역시, 향리들이 주로 도맡던 장교將校를 호칭하고 있습니다. 이렇게 사족士族, 양반의 족보에 이족吏族, 향리들의 이름이 실려 있다는 자체가 조선 중·후기의 족보와는 전혀 다른 양태를 보여준다고 설명할 수 있습니다.*** 신분과 관계없이 친척 관계가 분명하다면, 비록 평민이라고 하더라도 양반 족보에 넣어준 것입니다. 지금 우리 상식과는 좀 다른 부분이 있는 거 같습니다.

사실 우리가 생각하고 있는 가족제도의 관념과 상식은 대부분 조선 후기의 것입니다. '남자가 처가에 장가간다'라는 말이 조선 전기의 풍습이었다면, '여자가 시집간다'라는 말은 조선 후기의 풍습을 대변할 정도로 전기와 후기의 풍속은 정반대라고 보시면 됩니다. 조선 전기만 하더라도 친족의 개념은 같은 성姓을 쓰는

**
지방관청에 소속된 향리인데 양반이 아닌 평민 신분이었다.

***
1600년에 편찬된 진성 이씨 족보에는 사족 계열 이자수 후손들은 기재되어 있지만, 이족 계열인 이자방 후손들은 빠져있다. 성리학적 명분론을 반영한 것이 분명하다.

192
/
193

동성 친족만이 아니라 사위와 딸, 그리고 친손과 외손을 동일 선상에서 본 '양계친족兩界親族'이 보편적이었습니다. 제사 역시 아들과 딸이 돌아가며 지낸 '윤회봉사輪回奉祀'가 상식이었습니다. 또, 친손이 없으면 외손이 제사를 가져와 주관하기도 했으며, 거의 남이나 다름없던 사람을 양자養子로 들였습니다. 대를 잇는다는 개념도 희박해서 가까운 동성이나 이성 친족을 수양자, 수양녀로 삼아 노후를 봉양 받았습니다. 친족의 범위엔 이성異姓, 성이 다른인 사위와 외손의 후손들도 모두 포함된 광범위한 범위였습니다. 한마디로 내·외손의 차별이 없었습니다.

이러한 풍속은 17세기 성리학적 종법 사상이 보편화되면서 서서히 바뀝니다. 내·외손의 차별이 정당화되고, 적서차별이 정당화됩니다. 또, 귀족과 평민의 친족이 구분됩니다. 앞서 언급했던 조선 후기에 발행된 대구 서씨 세보에는 서자의 후예인 서족庶族들은 족보에 이름이 발견되지만, 안동 권씨 족도처럼 평민인 향리 집안은 보이지 않습니다. 조선 후기에는 서자들은 양반의 후예로 인정했지만, 향리, 장교, 서리 등 이족吏族 집안은 양반의 후예로 인정하지 않았음을 알 수 있는 사례입니다.

여성을 위한 한글 족보, 은진 송씨 가첩

조선 후기엔 한문으로 된 족보 말고도 여성을 위한 한글 족보도 존재했습니다. 양반가 아녀자가 친정, 시집의 조상 이름과 관직을 외우는 것은 하나의 교양이었습니다. 조선의 사족 여성이

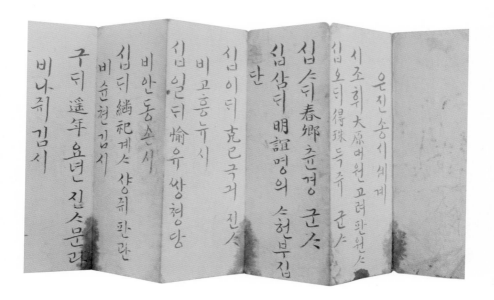

은진 송씨 한글 세계

동춘당 송준길 선생 집안의 한글족보이다.
14대조 춘경春卿의 '경卿'자가 18세기에 많이 쓰던 이체자異體字로 표기된 점과
'님피'로 기록된 송준길의 5대손 송부연宋溥淵이 《승정원일기》에 1766~1768년 동안
전라도 임피臨陂 군수로 재직한 기록을 대조해보면 1768년 이후에 제작된 것으로
추정된다. 옥산자 서실 구장본

혼례를 치르고 시집으로 오면, 시어머니가 아래 사진에 보이는 은진 송씨 세계世系* 같은 한글 족보를 손수 베껴 선물로 주기도 했답니다. 물론, 암기하라는 무언의 압력과 함께 말이죠. 조선의 여성에겐 조상의 세계를 외우고 한글 족보를 소지하는 것이 교양을 넘어 신분을 보증하는 수단으로 작용하기도 했습니다. 조선 후기 대학자 명재 윤증尹拯, 1629~1714의 누이였던 윤씨 부인의 일화가 이러한 사정을 대변합니다.

• 조상 대대로 내려오는 계통이라는 의미이다.

윤증의 아버지인 윤선거尹宣擧, 1610~1669는 병자호란 당시 가족을 이끌고 강화도로 피난 갑니다. 그리고 목숨을 바쳐 강화도를 사수할 것을 친구들과 결의하죠. 하지만 전황은 불리하게 돌아가고 청나라 군사가 강화도를 함락합니다.

이때, 윤선거는 일생일대 큰 실수를 저지르게 됩니다. 평민 복장으로 몰래 환복한 채로 강화도를 빠져나가 목숨을 부지한 것이었죠. 이 사건은 평생 윤선거의 발목을 잡아 출세를 포기하도록 만듭니다. 죽음을 결의한 친구들은 모두 장렬히 전사했습니다. 윤선거의 부인 역시 자결했습니다. 윤선거의 아들과 딸은 강화도를 탈출하지 못하고 있었습니다. 9살 윤증은 어린 누이와 헤어질 것을 예감했는지, 10살 난 누이에게 조상들의 이름과 관직이 담긴 작은 수첩을 주고 외우도록 했습니다. 윤증의 우려대로 청나라 노예로 끌려간 누이는 이리저리 팔려 다니다가, 의주의 사노비로까지 오게 되었습니다. 마침 아버지 윤선거와 친분이 두터웠던 암행어사 이시매李時楳, 1603~1667가 의주에 출두하자, 그녀는 기회를 놓치지 않고 어사 앞에서 작은 수첩과 함께 집안의 조상 이름과 관직을 줄줄이 외웠다고 합니다. 이시매는 한 치의 오류도 없음을 신기하게 여겨 그녀가 윤선거의 딸임을 확신했죠. 이시매는 그녀를 노비에서 풀어주고 다시 윤씨 집안으로 돌려보냈다는 이야기가 윤증의 《명재연보》에 전하고 있습니다.

이제까지 족보의 역사와 그 형식들을 알아보았습니다. 주나라 시대부터 출현한 보譜라는 형식이 고려시대쯤에 우리나라에 유입되고 조선 후기 들어서 비로소 보편화되었다는 것이 제가 추적한 역사의 진실이었습니다. 이제껏 우리가 믿고 있던 여러 풍습과 사회제도 대부분이 조선 후기였던 17~18세기에 시작된 것들이란 점이 놀랍지 않습니까? 현재 볼 수 있는 남녀평등의 흐름, 재혼의 빈번함, 족보에 대한 무관심 등은 고려시대에는 흔히 있던 풍경이었다는 사실을 상기해볼 때, 역사란 것은 시대에 따라 돌고 돈다는 속설이 고금을 막론하고 진리인 듯합니다.

🔖 재미있는! 역사상식 _____

조선시대에는 수많은 족보가 존재했는데, 내시들의 가계를 모은 족보인 〈양세보養世譜〉, 중인의 가계를 모은 〈성원록姓源錄〉 등이 대표적이다. 이것 말고도 각기 다른 당파 세력의 내력을 모은 족보도 있다. 그 가운데서 남인南人의 족보를 오보午譜라고 불렀다. 오午자가 남쪽을 뜻하기 때문이다. 서인들이 이 명칭을 즐겨 불렀는데, 그 이유는 오午자가 더러울 오汚자와 발음이 같아서였다. 서인들에게 남인이란 더러운 인간汚人이었던 것이다.

16

교만한 일본을 꺾으라고?
당당했던 조선 선비의
일본 여정기

1748년^{영조 24년} 조선은 도쿠가와 이에시게^{德川家}
重의 막부 장군직 계승을 축하하기 위해 대규모 통신 사행을 일
본으로 보냅니다. 정사는 홍계희^{洪啓禧, 1703~1771}, 부사는 남태중,
종사관은 조명채였습니다. 당시 통신사들의 직급은 청나라 연행
사^{燕行使}보다 그 격이 낮았습니다. 지금으로 치자면, 중국에 보내
는 연행사 수장은 부총리급 이상이고, 일본에 보내는 통신사절은
차관보급에 지나지 않았죠. 근대 이전 외교는 중화의 질서에서
벗어날 수 없었고 조선 입장에선 대중외교가 대일외교보다 훨씬
중요했을 겁니다.

18세기 조선은 자국 중심주의가 절정에 달하던 시기입니다.
이른바, 소중화^{小中華} 의식이 만개한 시대였지요. 그래서 쇼군의
취임을 축하한다는 명목이지만, 월등한 문명을 변방 오랑캐인 일
본에 한 수 가르쳐준다는 의식을 가지고 있었습니다. 일본의 풍
습을 왜색 문화로 폄하하여, 조선의 우월함을 자랑하려는 의도도
있었습니다. 이런 내용은 조명채^{曹命采, 1700~1764}의 사행 일기인
《봉사일본시문견록 ^{奉使日本時聞見錄}》에 여러 차례 보입니다.

이성린, 《사로승구도》 중 〈부산〉

1748년, 종이에 엷은 색, 각 35.2×70.3cm.

조선 통신사의 기착지인 두모포진의 전경을 담아냈다. 국립중앙박물관 소장본

하지만 18세기의 황금시대는 조선에만 해당하는 것은 아니었어요. 이 시기는 일본에서도 전환의 시기라고 불리던 에도시대입니다. 폭발적인 농업 생산력 덕분에 생활 수준이 크게 상승합니다. 전체 곡물 생산량이 조선을 크게 앞서기도 하죠. 게다가 청나라와의 교역이 재개되어 많은 서적이 수입되었습니다. 또, 네덜란드 상인으로부터 유래한 난학蘭學도 유행하여 조선보다 세계 사정을 더 잘 알고 있었습니다. 지식의 축적이 생기자 자신감을 얻은 일본은 그들만의 중화사상의 싹을 틔우면서 조선 통신사를 무시하고 박대하는 일도 생깁니다. 이런 모습들은 사행 일기의 행간에서 읽어나갈 수 있습니다.

일본을 꾸짖은 조명채의 《봉사일본시문견록》

1748년 2월, 홍계희를 수장으로 한 통신사 일행은 서울에서 내려와 부산에 있는 두모포진豆毛浦鎭에 도착합니다. 이번 사행은 무려 5백여 명에 이르는 거대한 행렬이었습니다. 부산에 도착하기까지 무려 4개월이 걸렸습니다. 이 거대한 사행단을 지공支供하기 위해 경상도 70여 고을이 숙식과 편의를 제공했는데요, 여러 고을의 한 예산을 탕진할 정도였다고 합니다.

이처럼 통신사가 국고를 크게 소비하면서까지 일본으로 간 까닭은, 문필文筆로써 선린외교를 유지하는 동시에 그들의 정세情勢를 잘 탐지하여 임진왜란과 같은 전쟁이 다시는 일어나지 않기를 위해서였을 겁니다. 그런데 이번 사행은 태평성대의 나태함을 여실히 보여주었습니다. 가는 길마다 사신 일행들은 민폐를 끼쳤고 대마도에서는 허둥지둥하다가 우리 배에 불이 나서, 바쿠후幕府에 보낼 하사품들을 죄다 불태워버렸습니다. 이를 다시 마련하느라 조선 정부는 국고를 허비해야만 했으니, 문란함이 극에 달했다고 해도 지나치지 않았던 거죠. 시대가 태평하면 사회의 기강이 느슨해지는 다는 것을 여기서 볼 수 있었습니다.

한편, 통신사 일행은 대마도를 거쳐 왔는데 여기서 조명채와 대마도인들 간에 벌이는 실랑이도 재미있는 광경입니다. 조선은 상국上國으로서 일본을 낮추려고 했지만, 일본 입장에선 조선을 조공하는 나라로 여겨 하대하려고 했습니다. 이런 보이지 않는 줄다리기에 조명채는 일본인을 교활하다며 비난합니다. 또, 조명채는 일본 의례들을 유심히 관찰하기도 했는데, 이를 보고 자못 비꼬는 일도 있었습니다.

> "(대마도) 태수가 돌아가는 거동을 보니, 앞을 인도하는 두 왜인이 둑纛 *처럼 생긴 백모간白毛竿을 들고 눈을 부릅떠서는 손을 흔들며 너울너울 다리를 벌리고 넓은 걸음으로 전진戰陣에 즐겨 나아가는 형상을 짓는데, 처음 보니 우스워서 몸을 가누지 못할 정도이다."
>
> 《봉사일본시문견록》 건 / 3월 5일(기축)

•
임금이 타던 가마나 군대의 앞에 세우던 큰 의장기.

조명채는 일본 하인들의 행동거지를 보고 자지러집니다. 조선에서는 볼 수 없는 우스꽝스러운 모습이었으니까요. 유학자가 볼 땐 고관 행자의 앞을 물리치는 일련의 행위는 엄숙해야 하는 것이 마땅한데요, 일본인들은 그렇지 않아서 조명채는 이를 오랑캐 풍습으로 여겼을 듯합니다. 일본의 풍습을 비난한 것은 조명채의 일기에서만 나타나는 것은 아닙니다.

　이보다 앞서 숙종 때 일본을 방문한 신유한申維翰, 1681~?이란 선비는 일본인들의 남색男色 풍습을 보고 깜짝 놀라기도 합니다. 그의 저서《해유록海游錄》에서 이러한 사실을 상세히 묘사합니다.

　서序에 말하길, 일본의 풍속은 음란함을 좋아한다. 내가 일찍이 창대娼臺의 남녀지사를 지었지마는 남창男娼에 대해 또 언급하자면, (남창의) 요망하고 아리따움은 여자보다 더더욱 농염하다. 그 풍속은 음란함의 끝을 탐하고, 유혹에 빠지는 것 또한 갑절이다.
　미남자美男子의 나이는 열세네 살에서 스물여덟 이상에까지 이르는데, 난초 향기 나는 기름을 머리에 발라감고, 윤택하게 하는 것은 옻칠한 것과 같이하며, 눈썹을 그려서 분을 바른다. 화려한 비단 무늬옷을 입은 채로 서 있는 모습은 진실로 한 떨기 꽃과 같다!
　왕족에서부터 귀족, 대부호에 이르기까지 재산을 털어놓아 그들을 기르지 않는 이들이 없다. 아침부터 밤까지, 출입하는 일 모두에 서로 따르게 한다. 시기하고 질투하여 사람을 해하는 자까지 있다고 하니, 일본 풍속의 해괴함이 이와 같았다.

《해유록》상 / 9월 9일(임인)

　더 충격적인(?) 이야기도 있지만, 여기서는 싣지 않겠습니다. 신유한의 말을 조금 흘리자면, 일본의 유학자들까지 남색을 즐긴

다며 이곳의 문란함이 극도에 달했다고 통분하기도 합니다.

조명채 또한 《봉사일본시문견록》에서 일본을 일컬어 "예절도 모르고, 정위의 노래*와 금수의 행실로 물들어서 사단四端과 오상五常**은 논할 것조차 없다" "사람들이 속바지를 입지 않는다" "여인이 오줌을 누는데도 예사로 훔쳐본다" "사람이 짐승 같고 골육의 분별이 없으니, 땅은 무척 아름답지만 역시 오랑캐일 수밖에 없을 것"이라며 극도로 평가절하하는 모습이 역력합니다.

이렇듯 이웃 나라에 인색했던 조명채도 일본에 대해 칭찬하는 부분이 보이는데 그것은 나라의 기강과 단체의식이었습니다. 배의 노를 젓는 우리나라 노군櫓軍은 나태하고 게으르며 정돈된 것이 없지만, 일본의 노군은 힘을 가지런히 하여 속도가 일정하고 근면한 태도를 내내 유지한다고 적고 있습니다.

또, 길바닥에 떨어진 물건을 훔쳐가지 않고 오히려 돌려주었으며 옆에서 공연이 펼쳐지는데도 눈길 한번 주지 않는 일본의 엄격한 기강에 감탄하기까지 합니다. 조명채는 이런 일본인의 정돈되고 가지런한 의식을 조선인의 나태하고 질서 없는 모습에 대비시키며 견문록 곳곳에 펼쳐 놓고 있었습니다.

'교활한 일본'은 다름 아닌, 대마도(?)

사실, 긍정적인 면이 있는데도 우리나라 사람들이 일본을 부정적으로 본 이유는 대마도인들 때문이었습니다. 대마도인들은 궁핍함을 핑계로 동래東萊에 위치한 왜관에서 교역을 담당했는데

•
정(鄭)과 위(衛)는 춘추시대, 두 나라의 이름이다. 두 나라의 음악이 음란했기 때문에, 인심을 손상하는 것을 정위의 노래라고 하였다.

••
공자의 오상과 맹자의 사단을 일컫는 말로, 인간으로서 갖추어야 할 윤리의식을 말한다.

조선 역관들과 우리 백성들을 속이고 우롱하며 장사하다 교활한 이미지로 낙인 찍혀 있었습니다. 재미있는 사실은 대마도 사람들은 일본 내지인들에게까지도 원한을 샀다는 점이에요.

1,000명이나 되는 대마도 사람들은 통신 사행을 호위한다는 핑계를 대고 도쿄로 가는 내내 각 번藩으로부터 협박과 공갈을 부리는 동시에 뇌물을 받아먹었습니다. 이 때문에 조선 사신이 한번 드나들면 대마도인 모두 부자가 된다는 소문까지 횡행했죠. 사행 경로의 중심에 있던 오사카인들이 특히 탐욕스러운 대마도인을 경멸했다고 합니다. 경제적 부담을 전가해 바쿠후幕府를 곤욕스럽게 만든 원인에는 대마도가 있었던 셈입니다.

통신사로 일본에 다녀온 인물 가운데 조엄趙曮, 1719~1777이란 분이 계십니다. 조엄 선생은 일본에서 고구마 종자를 들여와 기민 구제에 획기적인 업적을 남기신 훌륭한 분이시지요. 그분도 일본에 대한 기행문을 남기셨는데, 여기엔 대마도에서 발생한 사건 하나가 수록되어 있습니다.

1764년 조선 통신사가 일본 대마도에 도착했을 때 정사였던 조엄을 수행하던 훈도 최천종이 대마도인에게 살해되는 일이 발생합니다. 가득이나 감정이 좋지 않던 조선과 대마도 사이에 피의자에 대한 처벌 수위를 두고 설전이 오갑니다. 그런데 예상치 못한 일이 발행합니다. 대마도의 악행에 벼르고 있던 오사카인과 도쿄의 일본 관리들이 조선 사신이 원한다면 대마도주를 엄하게 처벌하겠다고 약조한 것이지요. 이런 제안을 받은 조엄은 고민하게 됩니다. 동래부사를 역임하면서 대마도와의 외교를 담당한 경험이 있는지라, 조엄은 이번 일로 대마도주를 처벌하게 된다면, 분명 교활한 대마도가 조선에 보복할 것을 알고 있었습니다. 그래서 조엄은 피의자인 대마도인을 사형시키는 선에서 마무리를 짓고, 대마도주의 신변은 지켜주게 됩니다. 하지만, 이 사건을 계기로 한일 교류의 상징인 통신사행도 1811년을 마지막으로 끝을 맺습니다. 그것도 도쿄까지 가지 않고, 대마도에 머무르는 역지통신의 예로써 말입니다. 앞서 언급했지만, 경상도의 여러 고을에 예산을 탕진시키던 통신사 행렬은 조선에서도 부담이었고, 대마도의 농간으로 짊어져야 할 경제적 부담 역시 일본에서는 이루 말할 수 없었습니다. 그래서 양측 모두 통신 사행을 중단하는 것이 이득이었을 겁니다.

사행을 덕담했던 윤창후의 봉별시

저에겐 윤창후라는 사람이 조명채에게 준 봉별시고奉別詩稿 한 점이 있습니다. 이 시고에도 조명채에게 교활한 일본을 겪어오라는 내용이 보입니다. 윤창후가 살던 시대는 18세기 조선 중화주의가 만개한 시절이라, 청나라와 일본은 그저 오랑캐 족속으로 여기던 때입니다. 소중화를 자랑스럽게 여기던 당대 조선 지식인의 의식을 유추할 수 있겠습니다.

일본으로 떠나시는 조 옥당玉堂께 공경히 드림

동서東西를 차례대로, 달빛 아래 배가 오고 가니

야연 윤창후의 봉별시

야연 윤창후가 1748년 종사관이 되어, 일본으로 떠나는 홍문관 교리 조명채에게 주었다. 시고에는 1746년으로 잘못 표기되어 있는데, 이것은 윤창후의 착오로 보인다. 윤창후의 저서인 《야연만록》에도 원문이 그대로 실려 있기 때문에, 봉별시의 진위 여부는 논할 것이 없다. 옥산자 서실 소장본

與子文宿衛甫氏宅得通字

白眼城西路整通故園三子夜相同一樽難合星侵席十載浮沉

月在東滿地閭閻臨逝水宿蘆鷗鷗倚寒風江湖物色今來異隅

岸招遊說舊豐

送鄭士悅監牧興陽

子行吾已熟着來八影仙峯裡坐慶長松青統席去時脩竹

色侵杯參天岳勢摩龍走落日濤聲萬馬廻谷口詩才真可戀喜

逢橋老不相猜

送曹玉堂 命承從事通信使

次茅東西泛月槎小華光景問如何春秋可惜拈來久陰兩還起

釀得多平音吾猶知 國器此行公亦折驕倭唧綸豈怕蛟龍宅

야연 윤창후의《야연만록 野淵漫錄》

봉별시고가 윤창후의 문집인《야연만록》에 수록된 것을 확인할 수 있다.
'조옥당 명채를 통신사 종사관으로 보내며'라는 제목으로 들어가 있다.

규장각 한국학 연구원

소화小華의 광경, 어떠한지 묻고 싶어라

세월은 애석하여 외침이 오래되었건만

음산한 비는 왜 이리도 내리는지 의아했네

이전부터 내가 국기國器를 알고 있었기에,

공조명채께서 이번 행차에 교만한 왜놈들 꺾으시겠지

임금의 윤음綸綸을 띤 몸, 어찌 교룡의 집이 두려울까나?

오래지 않아 상서로운 바람이 돛대를 밀어주누나

   시고를 쓴 윤창후는 조명채의 능력, 즉 국기國器*를 이전부터
잘 알고 있었다고 하는 걸 봐선 그와 친분이 있던 사이였나 봅니
다. 윤창후는 일본으로 떠나는 조명채에게 이렇게 말하고 있었습
니다. 재주가 빵빵하니 교활한 일본인들을 잘 대적하여 꺾어오라
고요. 옛날이나 지금이나 일본에 대한 적대적인 감정은 변함이
없습니다. 항상 우리나라를 괴롭혀 왔던 나라였으니 그럴 만도
합니다. 18세기 평화의 시대, 비록 칼로서 겨루지는 않지만, 문필
을 최고로 쳤던 조선이기에 우리보다 하수下手인 일본 문사들을
잘 대적하여 자존심을 세워오라는 말이었을 겁니다. 이런 부정적
이미지엔 앞서 설명해드린 대마도의 농간도 한몫했을 터이지만,
이런 사실은 역사의 베일에 싸인 것들이라 잘 드러나지 않는 법
입니다.
   통신 사행은 연행 사행보다 그 횟수도 많지 않고, 중국처럼 선
진문물을 구경하는 기회도 아니었기에 이처럼 통신 사절에게 잘
갔다 오라며 덕담하는 봉별시고는 구경하기가 어렵습니다. 이 행

나랏일을 맡아 볼 능력.

차는 바다를 건너다 빠져 죽을 수도 있는 모험의 길이었습니다. 시를 지어 축원하는 건 힘든 일이겠지요. 다행히도, 저는 얻기 힘든 이 시고를 손에 넣을 수 있었습니다. 이런 일은 노력이 아니라 운이라고 말해야 할 것입니다. 그런 부분에서 저는 행운의 여신에게 무척이나 감사함을 느낍니다.

재미있는! 역사상식

일본 통신사로 사행을 나갔던 조선의 문인들은 시문 응대에 큰 곤욕을 겪어야만 했다고 한다. 조선 문사들의 글씨를 얻으면, 대대로 복을 받는다는 미신이 있어서였다. 그래서, 조선통신사들이 가는 곳마다 글을 받으려고 인산인해를 이루었다고 한다. 하지만, 조선 정부에서는 이런 일을 마다하지는 않았다. 문명文名으로 일본을 교화시킨다는 믿음이 있었기 때문이다. 1763년, 일본사행을 떠나는 사신을 접견하면서 영조는 친히 시 짓는 능력까지 시험해 보았다고 한다. 성리학을 모르는 이역의 오랑캐에게 충신독경忠信篤敬의 가르침을 전하라는 말과 함께 말이다.

17

국왕의 허락을 받아라!
조선 관료의 이름 바꾸기

　　　　　필자의 외가는 일찍이 '화북김칩'이라고 불렸습니다. 김칩은 김씨 성을 쓰는 집쯤이라는 제주 방언이고, 화북은 '볏뒤' 말을 달리 부른 것입니다. 볏은 벼를 뜻하는 화禾를 말하고 뒤는 동서남북 가운데 뒤쪽을 의미하는 북北입니다. 화북에는 밭벼가 많아서 그랬던 거 같습니다. 볏뒤와 화북은 의미가 같아서 '볏뒤'라는 고유어의 음을 한자어의 '화북'이라는 음으로 바꾼 것이지요. '물뫼'라는 동네도 제주에 있는데, 이 동네 이름 역시 한자로 대체되어 수산水山이라는 마을이 되었습니다. 대개 이런 작업을 벌이던 사람들은 고유어보다 한자를 숭상하던 유학자들입니다. 어쨌든 화북에 터를 잡은 우리 외가는 동네 이름을 택호로 삼을 만큼 번성했다고 합니다.

　화북김칩 사람들은 대대로 제주에서 무인武人 행세를 했는데, 윗대 인물 가운데서는 무과급제한 분도 여럿 있었습니다. 조선시대에는 무과 급제를 하면 홍패紅牌라는 것을 내려주었습니다. 붉은 종이에다가 합격자의 이름과 등수를 적고선 과거지보科擧之寶라는 큰 도장을 찍어주었지요. 그런데 족보에 나오는 저희 할아

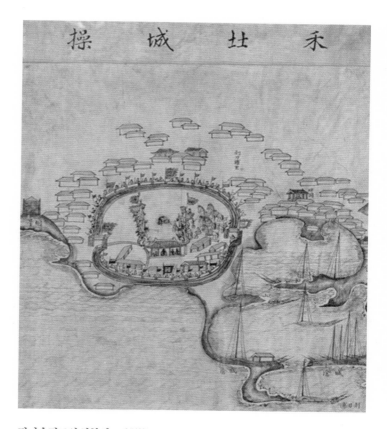

탐라순력도의 화북성조 禾北城操

'화북성조'는 화북의 방어태세를 시험해 보던 일을 말하는데,
화북포는 제주의 최일선 관문으로 그 중요성이 매우 컸다.
국립제주박물관 소장본

버지 이름과 홍패에 적힌 할아버지 이름이 다릅니다. 동일인물임에도 불구하고 말이죠. 어떻게 된 일일까요? 무척 궁금합니다.

앞서 궁금증을 유발한 이 할아버지의 손자이자 저희 외고조부는 무인 집안 전통에서 벗어나기 위해, 활을 버리고 붓을 잡았다고 합니다. 조선시대는 무관보다 문관이 대접받던 시대였습니다. 이런 문인에 대한 우대는 제주도도 예외가 아니었기에 무과가 아닌 문과 시험을 준비했지요. 그분의 과거시험 답안지인 과지가 아직 집안에 남아 있습니다.

그런데 시험지에 적힌 할아버지의 이름자를 보니 또, 족보에 실린 이름과 다릅니다. 이런 경우가 한 번도 아니고, 두 번씩이라니 정말 혼란스럽습니다.

과거급제를 위해 조상이 물려준 이름을 버리다

사실 저희 할아버지들이 이름을 바꾼 연유는 다름이 아니라 과거 급제의 열망 때문이었습니다. 시험에 계속해서 떨어지는 이유가 좋지 못한 이름 때문이라고 여겨서 개명을 한 것입니다. 다행스럽게도 두 분 모두 이름을 바꾼 후 과거시험에 합격했으니, 그 노력은 빛을 발휘한 셈입니다.

어른들이 지어준 이름을 그렇게 쉽게 바꿀 수 있는지 의아스럽지만, 이름이라는 것이 한 사람의 인생에서 길흉화복을 가져다준다는 믿음이 있는 터라, 부단히도 이런 작업을 진행한 것 같습니다. 그런데, 이러한 일화는 우리 집안에만 있던 것은 아니었습

宣授高麗國儒學提舉都僉議中贊修文殿大學士贈諡文成公安珦真

越延祐五年二月　日降

宥古其曰云都僉議中贊修文殿大學士安珦有棠設學校之功亦於

夫子廟庭圖形致祭奉興州守散郎崔琳依其日摹寫一幅將安之于鄉校時嗣子員遠承之鎮逾崔君送以示之於是焚香拜于乃爲之贊曰

先君當日振儒風

上命圖形

文廟中一幅丹青照奉樟四時邊豆

苶膚功

是年秋九月　日贊

慶尙金羅州道迴撫鎮邊使匡靖大夫檢校僉議評理無判典儀寺事上護軍安子器拜題

안향의 초상화

곧은 깃의 홍포에 평정건平頂巾을 착용하고 왼편을 향하고 있는 우안 구분면의 초상화로써 조선시대 그려진 이모본이다. 안향은 우리나라 최초의 주자학자이며 문묘에 배향된 해동 18현 가운데 한 사람이다. **국립중앙박물관 소장본**

니다.

　조선 후기 실존했던 인물인 하명상은 과거시험 때문에 다섯 번이나 개명했습니다. 그도 무과 시험을 준비하던 무인이었지요. 원래 본명은 대륜이었지만 즙으로 개명했고, 인즙으로 이름을 또 바꾸었지만 계속 낙방했습니다. 이름을 못마땅히 여겨서 인즙을 정황으로 다시 개명합니다. 그런데 1751년 어느 날, 무과시험을 얼마 남기지 않은 시점에서 다시 정황에서 명상으로 개명을 시도합니다. 너무 급한 나머지 진주목사에게 확인서를 발급받아 상경했지요. 다행히도 하명상은 이름을 바꾼 직후 무과에 급제했으니, 개명의 효과는 있었던 거 같습니다.

역사에 존재했던 개명 사례

　고려시대 대문장가 이규보李奎報, 1168~1241의 원래 이름은 이인 저李仁氏였습니다. 과거시험을 얼마 남기지 않은 어느 날, 꿈에 규성奎星: 문운을 관장한다는 별이 보여서 이름을 규보奎報로 바꾸었는데, 우연인지 필연인지 이규보는 십운시十韻詩에서 1등을 하면서 장원이 되었다고 합니다.

　이규보 말고도 고려시대 대유학자 안향安珦, 1243~1306의 사례 역시 재미있습니다. 안향의 원래 이름은 안유安裕였는데, 장성해서 안향으로 개명합니다. 안향은 평생, 향珦이라는 이름을 가지고 살다가 죽었습니다. 문제는 안향이 죽고 나서 발생합니다. 조선왕조 4대 임금인 문종의 이름은 이향李珦이었습니다. 안향의 이름인 향珦과 동일한 글자였던 것이죠. 누군가는 이름을 바꾸어야 하는데, 임금이 개명할 리는 없습니다. 관속에 들어가 있던 안향 선생이 초명이던 '안유'라는 이름으로 되돌아갔습니다. 아무리 대학자라고 해도, 지엄한 임금의 휘자를 범할 수는 없었던 것입니다.

순조 시절, 함경감사였던 김이영은 김이양金履陽, 1755~1845으로 개명합니다. 그 이유는 '이영履永'이라는 이름이 당시 효명세자 '이영李旲'과 본음이 같아서였습니다. 구한말 개화파 재상이던 도원 김홍집金弘集, 1842~1896의 개명 역정歷程도 의미심장합니다. 홍집弘集이 첫 이름이었는데, 홍집의 홍弘자가 건륭황제 이름인 홍력弘曆의 홍弘자와 같다고 해서, 굉집宏集으로 개명했습니다. 그러다가 청나라의 힘이 느슨해진 틈을 타서 다시 홍집으로 돌아가기도 했답니다.

나랏님의 허락을 받아라! 조선시대 개명첩

오늘날 이름을 바꾸기 위해서 법원에다가 개명신청을 하는 것과 같이, 조선시대에도 이름을 바꾸기 위해서는 관청에 신고해야 했습니다. 이름을 바꾸면, 호적戶籍에 개명 사실이 올라가고, 개명된 이름이 기재되었지요. 이런 식의 개명은 비교적 쉬운 일이었지만, 관리가 된 이후의 개명은 험난했다고 합니다. 여기엔 이유가 있습니다. 조선 초만 하더라도 관인의 개명은 그리 어려운 것이 아니었지만, 워낙 이런 일이 빈번하게 일어나다 보니, 의정부

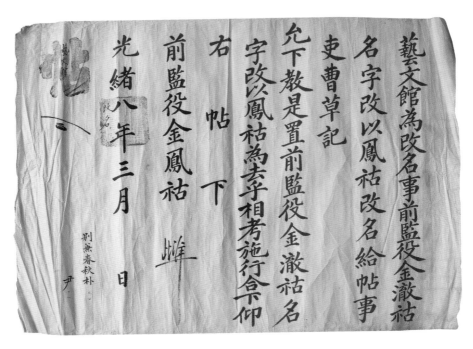

藝文館為改名事前監役金澈祜
名字改以鳳祜改名給帖事
吏曹草記
允下教是置前監役金澈祜改名
字改以鳳祜為去乎相考施行合仰
右　帖　下
前監役金鳳祜
光緒八年三月　　日
別無春秋朴
尹

김철호의 개명첩改名帖

김철호는 김봉호로 개명했다. 종구품 최말단직의 전직 관원이지만, 개명을 위해서는
국왕의 허락을 받아야만 했다. 이러한 까다로운 절차와 규정 때문에 개명문서는 남아
있는 것이 별로 없다. 옥산자 서실 소장본

에서 상소를 올리게 됩니다. 이런 사실은 《조선왕조실록》에 자세히 실려 있습니다.

사판에 오른 자로서 개명하는 자는 이조에 올려 의정부에 아뢴 후 예문관으로 이문하여 첩을 주어 개명토록 하다.
의정부에서 아뢰기를,
"무릇 사람의 이름은 모두 부모와 어른尊長들이 명한 것이라 가볍게 고칠 수 없거늘, 하물며, 이름이 사판仕版, 관리의 명부에 오른 경우라면 더욱이 가볍게 고칠 수 없사온데, 예문관藝文館에서 마음대로 첩牒, 공증문서을 내주어 이름을 고치게 합니다. 이로 인하여 범죄인犯罪人과 혹은 긴급하지 않은 사유事由로 이름을 바꾸면서 매우 가볍게 여길 수 있게 되었으니, 이제부터 벼슬에 종사하는 사람으로서 어쩔 수 없는 사정으로 이름을 바꾸어야 하는 자는 이조吏曹에 (문서를) 올려서 의정부로 보고해 아뢴 뒤에야만 예문관으로 문서를 옮겨서 첩牒, 공증문서을 주게 하는 것을 영원한 법식으로 삼게 하소서."
하니, 그대로 따랐다.

세종 31년 3월 19일 기해 2번째 기사

이 사건 이후로 법에 정한 사유가 아니라면, 관료의 개명은 반려하기 시작합니다. 국왕의 휘諱와 비슷한 경우, 역적의 이름과 동일한 경우 등 개명의 목적이 분명해야만 했습니다. 또, 관료의 개명은 이조吏曹라는 관청을 통해 왕에게 알려 허락을 받고선 개명된 이름을 예문관藝文館에 등록한 후 그 확인서를 발급받아야만 했으니,* 까다로워도 보통 까다로운 것이 아니었습니다.

이런 규제는 당시 법령이던 《대전통편大典通編》에도 자세히 소개되어 있습니다. 《대전통편》은 정조 임금 시절에 만든 법전인데요, 오늘날의 헌법 격인 《경국대전》을 보완한 《속대전》에다가 후속법령을 통합해 만든 새로운 법전입니다. 여기엔 개명에 관한 조항이 실려 있습니다.

●
改名人 啓聞後 令藝文
館 改名版狀成給 (《성
종실록》 2년 5월 25일)

> 《대전통편》 이전: 개명하고 하는 자는 본조이조에서 입계를 청한다.
>
> 《경국대전》: 무릇 개명하고자 하는 자는 이조에서 국왕께 아뢴 후, 예문관으로 이첩移牒하여, 명부에 기록한 뒤 (예문관이) 문서를 발급해 준다.
>
> 《속대전》: 대·소 관원으로서 개명하고자 하는 자는 그 선조 혹은 종재, 혹은 죄인의 이름과 명백히 같은 자가 아니면 (개명을) 허락하지 않는다.

1882년 전前 감역 김철호는 개명을 위해, 지금의 행정자치부 격인 이조吏曹에 단자單子, 관련 서류를 제출합니다. 이조에서 단자를 검토한 후, 임금에게 초기草記를 올립니다. 그리고 왕의 재가를 받아 예문관에 관련 서류를 보냅니다. 예문관은 개명 장부에 이름을 기록한 뒤 확인서를 발급해주었습니다. 확인서엔 실무를 담당한 겸춘추兼春秋 두 명의 수결手決도 등장합니다. 사진에 보이는 문서가 바로 예문관이 발행해준 개명확인서입니다.

종구품직 감역監役을 역임한 김철호는 법령에 명시된 것처럼

대·소 관원 가운데 제일 말단에 해당했지만, 엄연히 국왕의 허락이 떨어져야 개명이 가능한 관리의 신분이었죠. 개명 승인이 쉽게 난 것으로 볼 때, 김철호의 이름은 직계 할아버지의 이름과 완전히 같거나, 왕가王家의 고귀한 사람과 이름이 같거나, 역적의 이름과 같았음이 분명합니다. 《속대전》에 이르기를, 이와 같은 개명 사유가 아닌 한 절대 허락하지 않는다는 조항이 명백하게 있으니까요. 확인서를 발급받은 후, 김철호는 《조선왕조실록》이나 《승정원일기》엔 김봉호라는 이름으로 등장하고, 여러 관직을 역임하며 출셋길을 달린 것으로 나옵니다. 대체로 이름을 바꾼 사람들은 개명의 효과를 톡톡히 누린 듯합니다. 그 이유는 자신이 목표한 성취를 이룰 때까지 이름을 계속해서 바꿨기 때문이죠. 운을 바꾸려는 인간의 노력은 상상외로 무서웠던 것 같습니다.

지금까지 개명에 관한 역사적 사실들을 알아보았습니다. 우리의 상식으로 옛날 사람들은 부모나 어른들이 지어준 이름을 평생 간직하면서 살았을 것 같았지만, 예상과 달리 여러 가지 이유로 빈번하게 이름을 바꾼 것이 역사의 진실이었습니다.

평민이나 벼슬길에 나서지 않은 양반들은 비교적 개명이 쉬웠으나, 사환仕宦의 길을 걷던 관원들은 벼슬자리가 크고 작든 상관없이, 국왕의 허락을 받아야 했던 것도 드러나지 않았던 역사의 편린片鱗입니다. 또, 법령에 기재된 사유에 해당하지 않은 이상 절대 개명은 허락되지 않았던 것이 당시 제도의 현실이었으니, 관인官人의 개명은 사실상 금지되었다고 해도 지나치지 않습니다.

18

한글을 사랑했던
위대한 학자,
퇴계 이황

퇴계 이황李滉 선생은 조선 중기의 대학자로 오늘날까지 존경받고 있는 한국인입니다. 제가 퇴계 선생을 한국인이라고 언급한 이유에는 몇 가지가 있습니다. 첫째, 선생은 우리나라뿐만 아니라 일본이나 중국에까지 이름이 알려진 국제적인 학자입니다. 즉, 우리나라를 대표하는 지식인이라는 겁니다. 임란 이후, 일본에선 성리학이 보급되는데 그 주류가 퇴계학이었습니다. 그래서 일본의 유학자 중에는 퇴계를 존경하고, 사숙私淑* 한 사람들도 제법 되었다고 합니다. 지금도 일본에는 퇴계학회라는 학술단체가 존재하고 정기적으로 퇴계 선생의 학문을 연구하고 있습니다.

또 퇴계 선생은 한문 투의 문장을 한국말로 제대로 풀어낸 분입니다. 퇴계 선생 이전까지는 중국에서 들여온 사서삼경과 같은 교과서를 우리말로 제대로 풀어낸 학자가 없었는데요, 이 작업을 한 분이 퇴계 이황이었습니다. 중국에서 들여온 한문 교본들을 우리말로 잘 풀어내었기 때문에 이를 배우려던 유생들이 도산 서당에 구름처럼 모여들었습니다.

*
훌륭한 학자에게 직접 가르침을 받지는 않았지만, 그 사람의 행적이나 사상을 마음속으로 존경하여 도나 학문을 수행하는 것을 말한다.

가난한 선비 가문에서 태어난 퇴계 이황

지금이야 퇴계 선생의 진성이씨眞城李氏 집안은 대한민국에서 제일가는 명문가이지만 조선 중기만 하더라도 평범한 사족 집안이었다고 합니다. 여기서 잠깐 짚고 넘어갈 역사적 사실이 있습니다. 조선왕조는 지방에서 올라온 중소지주층의 신진사대부들이 혁명을 일으켜 세운 나라라고 배우고 있지만, 이는 틀린 이야기입니다. 조선을 세운 지배층 가운데서는 혁신의 신진사대부들도 있었지만 대개는 고려에서도 이름을 날린 보수층의 권문세족 후예들이었습니다. 이들이 개국공신이 되었으니 고려나 조선이나 지배층은 그 사람이 그 사람이었던 셈입니다.

퇴계 선생의 집안은 말 그대로 신진사대부 계층의 전형典型입니다. 시골 지주인 호장층戶長層에서 발신하여, 중앙관료로 출세한 가문이었습니다. 퇴계 선생의 선대는 대대로 진보현眞寶縣의 호장을 지냈는데, 시조 이석李碩 공이 생원시에 합격하자 사족士族으로 신분 상승합니다. 그의 아들인 이자수 공은 잡과인 명서과明書科**에 급제하여 비로소 중앙으로 진출할 수 있었다고 하는데요. 고려시대는 조선시대와 달리, 문과와 잡과의 차별이 그리 크지 않아서 잡과 출신에게도 홍패와 급제를 내려주었습니다.*** 이자수가 받은 홍패와 교지, 공신 녹권은 진성이씨 장손 집안과 외손 집안에 대대로 전해 내려왔다고 합니다.

어느 날 한양에 살던 퇴계 이황 선생은 자신의 뿌리가 궁금하여 큰 집이 있는 경상도 풍기豐基까지 내려가 5대조 이자수의 홍패를 열람한 기록이 있습니다. 이때 선생의 나이 20세였습니다.

저는 직전 일화를 통해 이황 선생이 평범한 인물은 아니라는 걸 직감했습니다. 하늘이 내린 수재들은 자신의 뿌리부터 고찰하며 그 사고를 우주의 근본까지 넓혀가기 마련입니다. 퇴계 선생은 청년 시절부터 우주의 삼라만상을 연구하기 위한 기본적인 자세가 제대로 된 셈입니다.

그런데 이황 선생은 문과에 급제하고 서울에서 벼슬까지 했지만, 풍기군수로 재임하기 이전까지 윗대 조상에 대해서 자세히 몰랐던 거 같습니다. 그 이유는 조선 초기만 하더라도 족보라는 것이 거의 없었고, 시대적으로 선대先代에 대한 관심이 부족했던 풍조 때문인 것 같습니다. 그래서 이 시절에는 조상의 무덤이 어디에 있는지 잘 몰라서 무덤 위치를 잃어버리기도 했지요.

그러다가 1548년명종 4년 이황이 경상도 풍기군수, 그의 형 이해李瀣, 1496~1550가 충청도 관찰사로 부임하면서 새로운 집안 문서를 얻게 됩니다. 이때 경상도와 충청도에 살던 친척들로부터 선대 문서 20여 종을 입수하게 된 것이죠. 이를 토대로 퇴계 선생은 시조인 이석 공의 아버지, 할아버지, 증조할아버지의 이름과 관직을 알 수 있었고 선대가 왜구의 침입 때문에 진보에서 안동으로 이거 한 이유 등 집안에 알려지지 않은 이야기들을 확실히 알 수 있었다고 합니다.

퇴계 선생, 한문을 우리말로 멋지게 풀어내다

퇴계 이황 선생은 화폐에 등장하는 위인 중 한 분입니다. 그런데, 화폐에 실린 만큼 위대한 인물인지에 대해 의아해하시는 분들이 많은 거 같습니다. 이순신이나 장보고와 같이 호탕한 무예 실력으로 적들을 제압한 무인武人들을 화폐의 주인공으로 넣을 것이지, 아무런 쓸모(?)없는 성리학자를 넣느냐고 타박하는 분들을 많이 봅니다.

하지만 퇴계 선생이 당시 한문으로만 보급되어 오던 교과서들을 우리말로 풀어내어 보급하려던 분이라는 걸 안다면, 지폐 위인으로 충분한 자격이 있을 듯합니다.

유교를 통치이념으로 삼았던 조선왕조는 유교 경전의 올바른 해석을 위한 노력을 강구해야만 했습니다. 왜냐하면 유교 경전은 주어+서술어+목적어 순의 한문으로 되어 있었기 때문에 이를 잘 이해하려면 어떻게든, 주어+목적어+서술어 식의 토를 달아 우리말로 번역해야 했기 때문입니다. 이런 작업은 조선 초부터 있었습니다. 성리학에 해박했던 양촌 권근은 사서삼경에 **구결**口訣•을 달고, 경전의 정확한 해석 지침을 만들려고 했습니다. 또, 조정에서도 학자들을 모아 언해 작업을 시도했지만, 성과는 제대로 나오지 않았습니다. 그러다가 1543년중종 38년, 조선에서도《주자대전朱子大全》95책이 간행되자 비로소 빛을 보게 됩니다.《주자대전》한 보따리 짊어지고 고향으로 내려온 퇴계 이황 선생이 주자 학설을 연구하면서 사서삼경에 대한 한글화 작업을 시도한 겁니다. 그것이 바로《사서삼경석의四書三經釋義》입니다.

•
한문 문장의 이해를 돕기 위해 구절이 끝나는 곳에 끼워 넣던 우리말의 문법요소를 말한다.

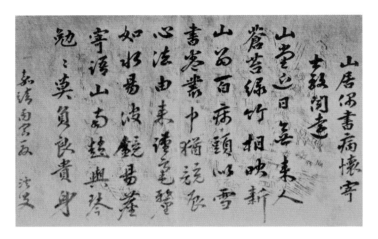

퇴계선생 친필

퇴계 선생이 1566년 여름, 산거^{山居}에서 우연히 병중의 회포^{懷抱}를 쓰고, 두 제자 사경^{士敬}과 문원^{聞遠}에게 보낸 시고 한 편이다. 퇴계 선생은 글을 쓸 때, 언제나 알아보기 쉬운 방정한 서체만을 고집했다. 병중에 있어서도, 선생의 글씨는 한 치의 어긋남이 보이지 않는다. 국립중앙박물관 촬영본 그런데 재미있는 일이 벌어집니다. 우리 퇴계 선생님은 주자의 주장을 그대로 답습하지도 않고, 어떤 부분에서는 독창적인 주장을 펼치기도 했습니다. 이런 이유로 훗날 우암 송시열은 퇴계가 주자의 견해에 벗어난 해석을 했다며 비난하기도 했습니다. 주자 신봉자였던 송시열은 청년 시절부터, 경학에 관심이 많아 퇴계 이황의 경설經說을 꾸준히 탐독했습니다. 어느 날, 주자와는 다른 해석이 있는 것을 인지하고서 우암은 퇴계의 학설을 의심하기 시작했습니다. 1677년 서계 박세당과 이 문제에 토론하다 드디어,《퇴계사서질의의의退溪四書質疑疑義》라는 집필하고 이황의 문제점을 조목조목 따졌습니다. 학자는 자신의 독자적인 학설을 주장할 수 있는 법이고, 또 이에 대해 근거를 두고 비판할 수도 있습니다. 이런 점에서 주자와 독자적인 해석을 했다며 퇴계를 따져 묻던 송시열의 행동이 잘못되었다고 생각하지는 않습니다. 퇴계의 학설이 정당했는지는 학술적인 논쟁이 있는 부분이라 여기서는 논외로 하겠습니다.

1584년선조 17년 성균관에 경서교정청經書校正廳이 설치되면서, 드디어 사서삼경에 대한 한글화 작업언해이 시작됩니다. 한문으로 적힌 교과서를 일반 백성들도 쉽게 읽을 수 있도록 하는 대중화 사업이 진행된 것이죠. 세종대왕이 기반을 다진 학술의 관심이 선조 임금 대에 이르러, 비로소 꽃을 피운 셈입니다. 그 중심에는 우리나라 글자인 한글이 있었습니다. 교정청에 모여 한글화 작업에 참여한 학자들은 당대에 명망 있는 인물이었습니다. 언제나 그렇듯이, 이런 작업 속에 정치政治가 없을 수가 없겠지요. 언해諺解 과정에 참여한 학자들은 대부분 동인계열이어서, 사서삼경을 언해할 기본서로 퇴계 선생이 집대성한《사서삼경석의四書三經釋義》가 채택될 수밖에 없었습니다. 율곡 이이도 사서삼경을 언해 하였지만, 교정과정에서 서인들이 배제되어 율곡본栗谷本은 채택되지 않았다고 합니다. 다행인지 몰라도 주자와는 약간(?) 다른 학설을 주장한 퇴계 선생 덕분에 사서삼경 언해본은 중국 성리학이 아닌, 조선 성리학이 자랑할 수 있는 대표적인 저작물이 되었습니다.

퇴계 선생의 한글 노래 프로젝트, 《도산십이곡》을 작사하다.

퇴계 선생은 만년에 병이 많으셨지만, 세상사에 관심을 끊지는 않았어요. 가장 관심을 두었던 부분이 아동 교육이었습니다. 당시 아이들이 많이 불렀던 민간 가요가 있었나 봅니다. 그중에는 〈한림별곡翰林別曲〉과 같은 고려가요도 유행한 듯합니다. 그런데 퇴계 선생은 〈한림별곡〉이 마음에 들지 않으셨습니다. 문인들의 입에서 나온 가요이지만, 고려 문인들의 자만함, 방탕함이 묻어 있어서 아이들이 부르기엔 적절하지 않다고 보신 거죠. 과연 〈한림별곡〉은 어떤 노래이기에 이리도 불만이 크셨던 걸까요? 〈한림별곡〉을 한번 살펴봅시다.

유원순의 글, 이인로의 시, 이공로의 사륙 변려체

이규보와 진화가 쌍운을 맞춰 빠르게 써 내려간 글

유충기의 대책문, 민광균의 경의經義, 김양경의 시詩와 부賦

아! 과거 시험장의 멋진 광경, 이것이 어떠합니까?

금 학사가 배출한 죽순처럼 많은 제자. 금 학사가 배출한 죽순처럼 많은 제자

아! 나까지 합쳐, 도대체 몇 분입니까?

(중략)

당唐 당唐 당唐 당추자, 쥐엄나무에

붉은 실로 붉은 그네를 맵니다

당기시라! 미시라! 정 소년이시여

아, 내가 가는 곳에 남이 갈까 두렵습니다

옥을 깎은 듯 예쁜 두 손에, 옥을 깎은 듯 고운 두 손에

아! 두 손 맞잡고 노니는 광경, 그것이 정말 어떠합니까?

〈한림별곡〉은 어느 한 사람이 지은 것이 아니라, 유생이 모여 함께 만든 노래로 전해집니다. 한눈에 봐도 술 마시고 풍류를 즐기며 부르던 노래임을 알 수 있습니다. 그래서 국문 학자들은 〈한림별곡〉을 일컬어, 고려 귀족들의 사치스러운 생활상과 향락

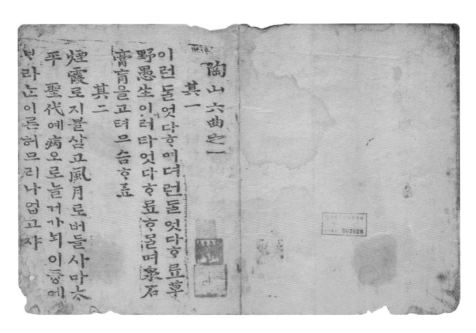

퇴계 이황의 《도산십이곡》
수험 국어에서도 자주 출제되는 고전문학의 명문이다. 한국학중앙연구원 소장본

적이고 퇴보적인 기풍이 담겨 있다고 이야기합니다. 또, 다른 견해로는 신흥 사대부들의 과시적 기개 찬양, 학문적 자부심과 향락적인 풍류 생활을 노래한다고도 말합니다. 이런 평가는 퇴계도 예외가 아니었지요. 성리학자인 선생이 보더라도 글공부하는 젊은 학동들이 돌려 부르기엔 민망했던 모양입니다. 〈한림별곡〉에 대한 퇴계의 견해는 선생께서 쓰신 다음 글에서도 잘 나타나 있습니다.

> 한림별곡翰林別曲과 같은 유는 글 하는 사람의 입에서 나왔으나, 교만하고 방탕하며, 또 점잖지 못하고 장난기가 있어서 군자君子가 숭상해야 할 바가 아니다.

그래서 퇴계 이황 선생은 아이들이 부르기에 적당한 노래를 만들려고 마음먹으시지요. 그것이 바로 《도산십이곡陶山十二曲》입니다. 그런데 이 《도산십이곡》은 국문으로 지은 가사歌辭입니다. 가사라고 하는 것은 한시처럼 점잖게 읊조리기詠 위한 글이 아니라, 춤을 추며 흥겹게 노래歌하기 위해 지은 글입니다. 한시는 중국어이기 때문에 우리말로 표현하기가 어렵고 적절하지 않았습니다. 그래서 퇴계는 중대한 결심을 합니다. 과감하게 한글로 표현하기로 한 것이지요. 그런데 한글로 가사를 짓는 건 유학자로서 적절한 처신이 아니었나 봅니다. 한글 가사나 지으며 유유자적하는 모양새가 세인들의 질타를 받을 수 있었기 때문이었죠. 그래서 퇴계는 다음과 같이 어려운 감정을 토로합니다.

나의 처신이 자못 세상과 맞지 않으니, 이 같은 한가한 일이 혹시나 말썽을 일으키는 단서가 될는지 (나는) 알 수 없고 또, 이 가사가 노래 곡조에 들어가서 음절에 화합할지 그렇지 않을지도 스스로 믿지 못하겠다.

하지만 퇴계는 아이들을 위한 일이라 포기하지 않습니다. 분명 여기엔 유익함이 있었기 때문입니다. 그래서 열두 곡의 한글 가사를 끝까지 완성하여 세상에 내놓았습니다. 물론 세상 사람들의 비난을 감수하고 말이죠. 선생의 말씀을 한번 들여다보죠.

이 노래를 아이들에게 밤낮으로 익히고 노래하게 하면, 궤에 기대어 듣기도 하고 아이들 스스로가 노래하고 춤추면서 뛰게 한다면, 비루한 마음을 말끔히 씻어버리고 감화하고 분발하는 마음이 또, 융통해져서 노래하는 자와 듣는 자 모두에게 유익함이 있을 것이다.

재미있는 일화를 소개해 보자면, 선생이 돌아가시고 나서 퇴계 문집을 만들 때 이 《도산십이곡》은 쏙 빠집니다. 그 이유는 다 아실 겁니다. 언문을 하찮게 보던 퇴계의 제자들이 이 한글 가사를 넣지 않고 편집한 것이지요. 예나 지금이나 큰 나라의 언어를 숭상하는 풍조는 바뀌지 않는 법인가 봅니다. 그렇다면, 이 《도산십이곡》 중 몇 가락을 한번 감상해보도록 합시다.

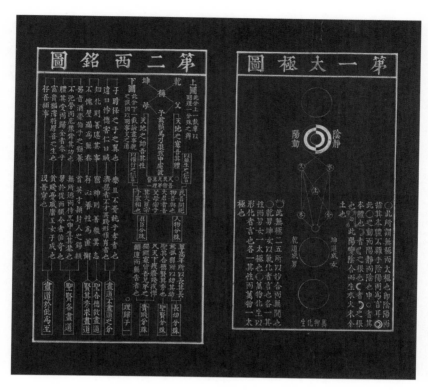

《성학십도》

제일도第一圖인 '태극도'에서부터 제십도第十圖인 '숙흥야매잠도'까지 성리학의 핵심 내용을 그림과 설명으로 구성하여 요약한 것이다. 퇴계 이황은 중국 학자의 이론에다가 독자적인 자신의 이론인 경설敬說을 첨가해, 주체적인 조선 성리학을 탄생시켰다.

국립중앙박물관 소장본

이런들 어떠하며, 저런들 어떠하랴?

시골에 파묻혀 있는 어리석은 사람이 이렇게 산들 어떠하랴?

자연을 사랑하는 것이 고질병처럼 된 버릇을 고쳐서 무엇하랴?

안개와 노을의 멋진 자연 풍치로 집을 삼고

맑은 바람, 밝은 달을 벗으로 삼아서

어진 임금 만난 좋은 시대에 노병 老病으로만 늙어가네

이 중에 바라는 일은 사람의 허물이나 없었으면

학문 수양에 힘쓰던 길을 몇 해씩이나 내버려 두고

벼슬길을 헤매다가 이제야 돌고 돌아왔는가?

이제나마 돌아왔으니, 이제는 딴 곳에 마음 두지 않으리라

푸른 산은 어찌하여 영원히 푸르며

흐르는 물은 또 어찌하여, 밤낮으로 그치지 않고 흐르는고

(우리도 부지런히 학문을 닦아서) 저 물같이 그치는 일 없이, 저 산같이 언

제나 푸르게 살리라

이학理學을 그림과 설명으로 풀어낸《성학십도》

수험 한국사에 자주 등장하는 문제 중 하나가《성학십도聖學十圖》와《성학집요》의 저자가 누구인지를 묻는 내용입니다. 필자 경우엔《성학집요》의 '요'에 ㅇ자가 들어가 있으니까, 이이가 만든 것이요,《성학십도》엔 ㅎ자가 들어가 있으니 이황 선생이 만든 것이라며 암기한 기억이 생생합니다. 하지만, 수험 한국사에서는 단순히 저자 정도만 소개하고 있지,《성학십도》가 만들어진 배경이나 내용에 대해서는 상세히 가르치는 거 같지는 않습니다.

《성학십도》는 하늘이 인간에게 부여한 윤리와 덕업을 쉽게 그림으로 설명하여, 일상에서 어떻게 실천하여 성인聖人이 될 수 있는지를 설명한 도표입니다. 성학聖學이라는 두 글자는 성인聖人의 학문 또는 성왕聖王의 학문이라고 해석할 수 있는데, 전자는 말 그대로 공자, 맹자와 같이 위대한 성인을 말하며, 후자는 제왕학을 의미한다고 할 수 있습니다.

1568년, 68세의 늙은 선비 이황이 16살 소년 군주 선조 이연李昖에게 학문하는 방법을 진언합니다. 그것은《진성학십도차병도進聖學十圖箚幷圖》였습니다. 진進은 임금에게 올린다는 뜻이요, 차箚는 임금에게 올리는 짧은 상소문 류를 말합니다. 송대宋代 유학자인 주돈이, 장재, 주희 등은 성리학에 대한 설명 글을 남겼는데, 퇴계는 중국 학자들의 논설을 일곱 폭 그림으로 나타내었고, 마지막 세 폭은 자신의 논설을 실어 열 폭의 그림으로써《성학십도》를 완성했지요. 이《성학십도》는 임금에게 올린 개인적인 상소문인 셈이니, 퇴계 이황은 선조에게 안으로는 인격을 수양하여 밖으로는 덕德을 통해 백성을 사랑하는 성군이 되라는 의미로 올렸다고 생각합니다. 유교 통치의 종착점인 내성외왕內聖外王*의 덕목을 선조에게 요구한 것입니다.

이황의 충심을 가납嘉納한 선조는 이《성학십도》를 민간에도 보급하라는 어명을 내렸습니다. 성인聖人의 학문은 제왕만 공부할 것이 아니라, 일반 백성들도 공부해서 성취할 목표였기 때문이죠. 얼마나 폭넓게 퍼졌는지 이황의 반대파인 서인 내에서도《성학십도》가 유행했고, 심지어 제주도에까지 이것이 보급되었습니다. 필자도 이《성학십도》를 소장하고 있습니다. 근래에 찍어낸 목판본인데《성학십도》의 유용성은 지금도 현재진행형입니다. 마음心을 다스리는 데는 이보다 더 나은 바이블은 없으니까요.

18세기 이후, 영조와 정조라는 성군聖君이 잇달아 등장하자 조선에는 정치적인 안정과 함께, 경제적인 성장도 꽃을 피우게 됩니다. 이로써 평민들도 향촌 서당에 나아가 글을 배울 수 있는 여건이 마련됩니다.** 향촌 서당은 시골 백성들이 학계學契를 내어 훈장을 초청하고 마을의 어린아이를 가르쳤습니다. 때로는 다산 정약용처럼, 적객謫客*** 신분의 양반 사대부들이 무료함을 물리치기 위해 마을 학동을 모아 가르쳤지만, 이런 경우는 드물었다고 합니다.

전국적으로 향촌 서당의 확산이 가능하게 만든 원인에는 조정朝庭에서 편찬한 사서삼경의 언해본도 커다란 영향을 끼쳤습니다. 한글로 쉽게 토를 달고 주석을 하였으니, 한글만 알아도 쉽게

*
내성외왕이란 말은 《장자》〈천하편〉에 "내성외왕의 도는 어두워서 밝지 않고 울창하여서 나타나지 않는다."라고 한 데서 비롯되었다. 내성은 자신을 수양하는 것이고 외왕은 사회적 공용(功用)으로 덕치를 의미한다. 이것은 유교 이념의 최고 지향점이다.

**
향촌 서당은 16세기에 최초로 출현했다고 알려져 있는데, 17세기에 전국적으로 확산되었다. 18세기에 각 지역에 확고히 자리 잡아 평민교육의 핵심이 되었다.

***
귀양살이하는 사람

사서삼경을 해석할 수 있었으니까요. 이러한 공로에는 어떻게 하면 학생들을 잘 가르칠 수 있을까 고민하며 사서삼경을 한글로 풀이했던 퇴계 이황 선생의 노고도 들어 있지 않을까요?

또 말년에는 우국충정의 마음으로 임금에게 성학십도를 진언하고선 부디 백성을 위한 성군이 되라며 조언했으니 이런 점에서 퇴계 이황은 우리나라를 대표하는 자랑스러운 학자임엔 틀림없습니다.

🎲 재미있는! 역사상식

다음은 이유원의 《임하필기》에 나오는 내용이다. 퇴계 이황은 어렸을 적부터 글씨를 반듯하게 쓰면서 한 번도 거만하게 흘려 쓰지 않았다고 한다. 그런데, 손자 이안도李安道, 1541~1584가 누군가에게 편지를 쓰면서, 큰 글씨로 흘려 썼다. 퇴계는 이를 지적하면서, '멋대로 하는 행동을 함부로 하지 마라'며 손자를 가르쳤다고 한다. 조선 시대엔 작은 글씨에 단정한 정자체로 쓰는 것이 상대방을 공경하고 배려하는 것이라고 여겼다. 그래서 임금에게 올리는 글은 절대로 흘려 쓰지 않고 작은 서체의 한자로만 적었다.

19

조선에도 스테디셀러가 있었다! 백성들의 필독서 《유서필지》

18세기 이후, 민民의 성장이 두드러지면서 각 지역에 서당이 출현합니다. 변방인 관북, 관서뿐만 아니라, 최남단인 제주까지 말이죠. 물론, 변방 백성들에게 서당이 필요한 이유는 글을 배우기 위해서였겠지만, 그렇다고 해서 과거 합격까지 바라본 것은 아니었을 겁니다. 생원, 진사 각각 100명씩 총 200명을 뽑았던 소과小科만 하더라도, 작은 읍에서는 10년에 한 명 나올까 말까 했습니다. 진사, 생원이 되려고 평범한 백성이 글을 배우지는 않았을 겁니다. 그렇다면, 일반 서민들이 글을 익히려던 것은 무엇 때문이었을까요?

우선 글을 알면 먹고사는 일이 해결될 정도로 문필文筆의 직업적 수요가 존재했기 때문입니다. 그 가운데서 하나가 책실冊室이란 직업입니다. 책실은 책방冊房, 책객冊客으로도 불리는데요. 지방 수령으로 발령받은 관원이 개인적으로 데려가던 수행원이었습니다. 이들은 문필文筆로써 수령을 보좌하던 비서와 같은 존재입니다. 책실로 유명했던 사람 중에는 손와 김경천金敬天, 1675~1765이라는 평민 출신의 문사가 있습니다.* 이 사람은 수십 년간 지

* 손와 김경천은 향리 출신으로 진사시에 입격한 입지전적인 인물이다. 저서로는 손와만록이 있다.

방 수령들의 책실이 되어 먹고산 사람이지요. 또, 연죽 이인관••
이라는 여항인도 제주 목사 이원조李源祚, 1792~1872의 책실을 맡아
제주 사또의 문필을 담당했던 인물입니다.

책실 말고도 인기 있던 직업이 있었으니, 그것은 관아의 서리胥
吏였습니다. 평민들이 글을 배워서 과거에 급제해 양반은 되지 못
하지만, 그래도 관청의 서리가 되기라도 한다면 큰돈을 만질 기
회가 있었습니다.••• 조선 후기엔 관아의 향리들이 부족했습니
다. 그래서 글을 아는 관노비나 양인들을 대상으로 가리假吏라는
직역을 만들었고, 부족한 향리를 보충하기도 했습니다. 이런 향
리 직도 돈을 주고 사는 매관매직의 대상이 되기도 했답니다.

또 다른 이유를 말해보자면, 조선 후기인 18세기 무렵부터 정
치적인 안정과 경제적인 성장이 두드러졌다는 사실입니다. 상설
시장이 등장하고, 상품경제가 발달했습니다. 상업의 성장은 필연
적으로 사회적 갈등을 수반하는데요. 돈에 얽힌 채무소송이 빈번
해지고, 강력 사건들도 증가하기 마련입니다. 이런 상황에서 개
인의 재산과 권리를 지키기 위해서는 문필文筆의 지식이 필요합니
다. 자신의 절박한 사정을 호소하려면 글로써 표현할 줄 알아
야 했습니다. 그래야만 권리와 재산을 보호할 수 있었으니까요.

양반들이라고 해서 일반 평민과 다를 바가 없습니다. 그들도
문필의 필요성이 있었습니다. 우선, 양반의 지위를 지키기 위해
글을 알아야만 했습니다. 공부 머리가 있는 양반 자제들은 서당
을 졸업하고 서원이나 향교의 거접생居接生이 되어서 사서삼경을
배웠을 겁니다. 더 나아가서 과거시험에 필요한 공령문功令文까

지도 익혔을 겁니다.* 하지만 공부 머리가 없는 양반은 통감이나 맹자 정도 배우고, 일생 생활에 필요한 편지나 소장訴狀 정도를 작성할 줄 아는 양반만의 교양을 필요로 했을 겁니다.

이러한 필요에 응답하여, 조선 후기에 출현한 스테디셀러가 하나 있습니다. 그것은 바로 《유서필지儒胥必知》였습니다. 앞서 말했다시피, 이속吏屬, 아전의 무리이 되고 싶은 관노비나 양인들은 전문 용어인 이서학吏胥學을 알아야만 합니다. 또, 개인의 권리와 재산을 지키고 싶은 일반 평민들은 어떤 양식과 용어로 소장을 적어야 하는지 알아야만 했을 겁니다. 이에 관련된 공·사문서의 사례들을 잘 정리하고 상업적으로 출판한 것이 바로 《유서필지》였던 셈이죠.

경화세족이나 지방의 부유한 사족들은 집에 독선생을 모시고, 자제들을 가르치기도 했다고 한다.

조선 후기 복잡한 사회상이 투영된 《유서필지》

조선 전기에 가장 골치 아프고, 빈번하게 발생한 재산 분쟁이 바로 노비소송이었습니다. 당시엔 노비도 양인들의 재산이었기 때문에 일어난 일입니다. 시간이 흘러 조선 후기에 와서는 산송山訟 문제가 가장 빈번했습니다. 조상 산소에 불법으로 투장偸葬** 하거나, 산소 인근의 나무를 몰래 베어가는 등의 문제 말이죠. 이런 사회상의 변화는 국사 교과서에도 자세히 설명하고 있습니다. 이를 증명이라도 하는 듯이 조선 후기에 제작된 《유서필지》에서도 산송에 대한 소송 서식이 자세히 등장하고 있습니다.

이뿐만 아닙니다. 채무에 관한 이해관계를 해결해달라는 채

남의 산이나 묏자리에 몰래 묘를 쓰는 일.

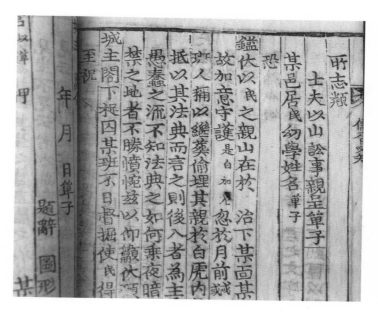

사대부 산송소지에 단자 單子라는 표현이 보인다.
사대부들이 올리는 산송의 형식은 일반 평민들과 달리 한문 투의 양식이었다.
반면, 일반 평민은 우리말인 이두식으로 발괄이라는 표현을 사용했다. 옥산자 서실 소장본

송債訟소지, 군역에서 벗어나게 해달라는 탈역頉役소지, 다친 소를 도살할 수 있도록 청하는 절각소지, 자신을 구타한 피고를 처벌해달라는 구타소지 등 조선 후기에 가장 흔하게 발생했던 민, 형사상 사건에 대한 소장 작성 요령을 《유서필지》에서는 소개하고 있죠. 이를 통해, 당 시대 백성들에게 빈번히 일어났던 사건 사고들이 어떤 것이었는지 알 수 있습니다.

그런데, 저의 눈길을 끄는 내용이 있습니다. 이런 소장을 제출할 때, 신분에 따라 작성해야 하는 표현들이 달랐다는 겁니다. 즉, 양반의 소장은 한문식 표현인 '단자單子'라고 했으며, 일반 평민이나 노비들은 순우리말인 '발괄白活'이라고 했습니다. 즉, 단자나 발괄이나 모두 민원民願에 관한 문서입니다. 하지만, 단자가 세련된 표현이고 발괄은 질박한 표현이었던 셈이죠. 그런데, 이 발괄이라는 용어가 참 재미있습니다. 억울한 사정을 호소한다는 뜻인데요, 이는 우리 고유어인 이두문吏讀文입니다. 발괄은 지금이야 낯선 말이지만, 옛날에는 흔히 쓰던 것 같습니다. 옛 속담에 발괄이란 용어가 등장하거든요.

'신랑 마두馬頭에 발괄白活한다'라는 속담은 신랑을 높은 관리로 착각하고, 신랑이 탄 말 앞에서 억울한 사정을 호소한다는 의미입니다.

'개소 발괄白活을 누가 알아주랴'라는 속담도 있습니다. 개나 소처럼 두서없이 지껄이는 말은 아무도 알아주지 않는다는 의미입니다. 정약용 선생이 편찬한 《이담속찬》에도 보입니다. 여항의 백성들이 흔히 쓰던 용어라고 해서 높으신 사대부 계층이 쓰지

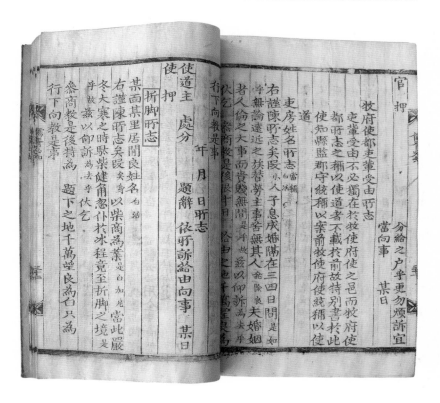

《유서필지》에 실린 절각소지折脚所志의 사례
소의 다리가 부러지면, 이렇게 관청에 소지를 올려 도축해야만 했다. 필자 소장본

않았던 것은 아닙니다. 《조선왕조실록》에 보면 고관들 역시, 이런 표현을 즐겨 쓴 것 같습니다.

> 성세창成世昌은 바로 신권벌의 친구인데, 그가 일찍이 신이 일을 아뢰려는 것을 보고, 웃으면서 말하기를 '권벌이 지금 또 상 앞에서 발괄하려 한다' 하였습니다. 신이 인종조 때에도 다 말씀드리고자 하였기 때문에 아뢴 바가 많이 있었습니다. (하략)
>
> 《명종실록》 2권, 명종 즉위년 9월 8일 무진 1번째 기사

1545년명종 즉위년 원상院相으로 있던 권벌權橃, 1478~1548이 흉모에 관계된 일을 당하여, 체직遞職*을 청하는 상소를 올립니다. 여기에 '발괄'이라는 용어가 나옵니다. 당시 권벌은 뜻하지 않은 사건에 연루된 걸 억울하게 생각해 친구인 성세창에게 그 사정을 임금에게 알려야겠다는 심정을 말하니, 세창이 이를 듣고 빙그레 웃으며 권벌이 '발괄'하려 한다고 농을 던진 것을 알 수 있습니다.

흥미로운 점은 비단 '발괄'만은 아닙니다. 《유서필지》를 읽어 보면서 눈을 번쩍 뜨게 한 내용 중 하나가 바로 '절각소지折脚所志'였습니다.

*
벼슬을 교체하여 갈아내는 것을 말한다.

민초의 삶을 엿볼 수 있던 절각소지와 구타소지

절각소지라는 것은 다리를 다친 소가 농사일을 도울 수 없으니, 도살할 수 있도록 관의 허락을 요청하는 문서입니다. 조선시대는 농업을 근본으로 하는 국가였습니다. 그래서 농우農牛를 함부로 도살하는 것을 엄격히 금지했습니다. 관의 허가가 있어야했어요. 그렇다고 해서 소고기를 먹는 것 자체를 금지한 것은 아닙니다. 각 관아마다 육고肉庫라는 푸줏간이 있었고 이곳에서 관청, 향교 등 제사에 쓰일 황육黃肉** 을 공급하기도 했으며, 민간에 쓰일 소고기 수요를 충당하기도 했습니다.《유서필지》에 나오는 절각소지는 좀 특이한 사례를 싣고 있는데, 그 내용은 다음과 같습니다.

모동 모리에 사는 한량 ○○○이 발괄합니다.

"오른쪽에 삼가 드리는 소지는 이 몸이 땔감팔이로 업을 삼고 있사온데, 이번 엄동대한嚴冬大寒을 맞은 때에 땔감을 실은 건장한 소가 홀연히 빙판에 미끄러져, 마침내 다리가 부러지는 지경에 이르렀사옵니다. 이에 우러러 호소하오니, 부디 잘 헤아리신 후 특별히 판결을 잘 내려주시기를 천만으로 바라오는 일입니다."

안전주案前主, 사또를 지칭께서는 처분하십시오.

모년 모월 모일 소지

**소고기를 말한다. 주로, 관의 사또가 아랫사람에게 소고기를 하사하기도 했으며, 중앙의 고관이나 친인척들에게 나누어주기도 했다. 민간으로의 소고기 공급은 이런 식으로 이루어지기도 했다.

〈우경 牛耕〉, **양기훈** 楊基薰

조선 후기에는 쌀로 술 빚는 일, 소나무를 벌목하는 일, 소를 도살하는 일,
세 가지 행위를 금지했다. 이들은 국가적으로 중요한 자원이었기 때문이다.

제음題音, 사또의 처분

"거피입본去皮立本 할 일이다."

절각소지의 주인공인 한량閑良은 조선시대 초, 중기만 하더라도 국역國役을 지지 않고 무예 또는 풍류를 즐기던 무반 사족의 자제나 부유한 평민의 자제들을 일컬었습니다. 그러나 조선 후기에 들어서 이들의 지위가 급속도로 추락해서 한량*이라는 말은 주로 신분 낮은 평민 남성을 지칭하는 단어로 돌변했습니다. 《유서필지》에서도 이러한 사회상의 변화를 잘 보여주듯이 한량을 발괄하는 평민의 신분으로 표현하고 있습니다.

어느 마을에 땔감 팔이 장수가 있었나 봅니다. 추운 겨울날, 건장한 소에 땔감을 싣고 가다가, 그만 빙판길에 소가 넘어져 다리가 부러지고 말았습니다. 생계를 이 건장한 소에 의지하고 있었는데 소의 다리가 상했으니, 생업을 잃어버린 거나 다름없는 일이었습니다. 땔감 장수 처지에 다친 소를 도살하고, 그 고기를 팔아서 송아지라도 사야 그나마 생계를 유지할 수 있을 것 같았습니다. 이런저런 고민 끝에 사또에게 소지를 올려, 어려운 사정을 호소하기로 해요. 사또는 소의 도살이 법에는 금지되어 있지만, 딱한 사정을 생각해 그의 청원을 들어주기로 하고, 거피입본去皮立本하라는 판결을 내립니다. 거피입본을 국어사전에서 찾아보면 '병든 소를 잡아 그 가죽을 팔아 송아지를 산다는 뜻으로, 겉치레를 버리고 근본을 확립함을 이르는 말'이라고 나오지만, 《유서필

*
조선 후기 무과 응시자들을 법적으로 한량이라고 호칭했는데, 문과 응시자인 유학(幼學)과 대비하여 쓰인 용어일 뿐이다. 실제로, 조선 후기 들어서는 사족 출신의 무과 응시자들도 평상시에는 유학을 호칭하다가, 무과에 응시할 때만 한량이라고 말했다.

244
/
245

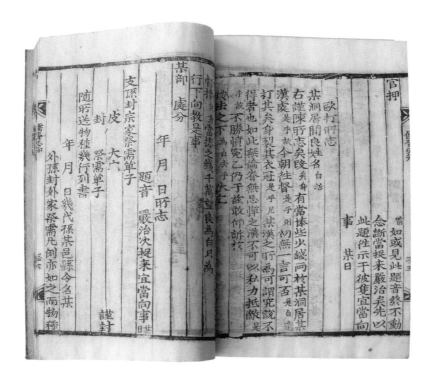

《유서필지》중 구타소지 사례

조선시대에는 사력 구제가 불가능하면, 관에 고발하여 처벌을 요구할 수 있었다.

옥산자 서실 소장본

지》에 나오는 거피입본은 다른 의미입니다. 가죽은 관에다가 바치고, 쇠고기를 팔아서 송아지를 사라는 의미입니다. 사전적 의미와 다른 뜻이니 유의할 필요가 있습니다.

무례한 놈에게 구타를 당했으니, 처벌해달라는 소지도 《유서필지》에 등장합니다. 사력구제私力救濟가 어려운 경우엔 관의 힘을 빌리던 사회가 조선시대였습니다. 이 사례도 흥미로워서 소개해보고자 합니다.

모某 동에 거주하는 ○○○ 한량이 발괄합니다.

"오른쪽에 삼가 드리는 소지는 이 몸이 모某 동에 거주하는 모모한 상놈에게 받아들일 약간의 돈이 있었사온데, 금일 아침에 찾아가 독촉하니, 처음부터 한마디의 가부可否 없이 저를 때리고, 의관을 찢어버렸습니다. 이놈은 말로 따져 설명할 수 없는 놈입니다. 이같이 예의가 없고, 거리낌 없는 놈은 저의 힘으로 대적할 수 없는 까닭에, 분하고 원통함을 이길 수 없습니다. 이에 법을 헤아리시는 사또께 우러러 호소하오니, 잘 살피신 후에 저놈을 사또 앞에 붙잡아 주십시오. 우선, 무단으로 저를 때린 죄부터 다스린 다음에 이 몸이 받아드릴 돈을 독촉해주시길 천만千萬으로 바라는 바이옵니다."

모월 모일 소지所志

제음題音

"엄하게 죄를 다스려야 하니, 붙잡아 오는 것이 마땅하다."

구타소지에 숨겨진 뜻을 살펴봅시다. 이 사건의 발단은 단돈 몇 푼에서 발생한 금전 갈등이라는 것을 알 수 있습니다. 조선 후기에 동전이 유통되면서 상업경제가 발달하고, 그에 따른 금전거래가 활발해집니다. 당시엔 어음, 수표 등 믿음을 기반으로 한 신용 거래도 나타났습니다. 정교한 금융거래가 진행된 시절입니다. 앞서 말씀드렸다시피, 상업화가 진전되면 사람들 간에 예리한 다툼도 늘어납니다. 여기에는 금전 문제도 포함됩니다. 이같이 돈거래로 촉발된 폭력사태가 《유서필지》에 실려 있다는 것은 당시에 그런 유형의 사건·사고가 흔했다는 사실을 방증합니다.

개인의 이익과 권리를 법으로 보호하던 조선

백성들이 소지를 작성해 사또의 제음을 받고선 문자와 종이로 남기려던 이유는 무엇일까요? 그것은 문자로서 기록을 남겨야만 훗날의 증빙으로 삼을 수 있었기 때문입니다.

조선왕조는 엄연한 법치국가입니다. 백성들의 일거수일투족이 모두 법의 그늘에서 다스려졌습니다. 모든 사항은 기록을 통해 문서로 남겨야 법적 증빙으로 삼을 수 있었고, 법의 보호를 받을 수 있었습니다. 관아에 소장을 올리면 판결의 내용이 모두 그 소장에 기재되었고, 이를 원고에게 되돌려주고서는 훗날의 증빙으로 삼게 했습니다. 그래서 조선은 문서와 기록의 나라일 수밖에 없습니다. 더 나아가 국가에서 실록實錄을 통해 나라의 역사를 기록하고, 개인은 일록日錄*을 작성해 사인의 역사를 남기려고 했으니, 이 모두가 훗날을 떳떳이 증거 하려던 의도였습니다.

조선 후기는 정치적인 안정과 더불어 경제적인 성장으로 인해 사회적 갈등이 심화되었고, 이해관계가 복잡해진 시절입니다. 이런 분쟁들을 해결하기 위해서는 소송의 격식과 문서 작성의 요령을 익히고 대비해야 했을 겁니다. 그래야만 법치국가 아래서 개인의 이익과 권리를 보장받을 수 있었으니까요. 《유서필지》는 이런 사회적인 필요에 따라 등장한 것이라는 게 저의 소견입니다.

20

조카를 머슴으로 팔아버린 노비 수복이 이야기

우리 역사에서 가장 고단한 삶을 살았던 이들은 다름 아니라, 노비奴婢입니다. 부끄럽게도 우리나라는 노비를 운용한 역사가 매우 깊습니다. 옛사람 가운데 어느 분은 노비제도를 삼한三韓의 아름다운 풍속이라며 칭송(?)하기도 했지요. 매번 노비를 혁파하려는 노력은 있었지만, 기득권의 반발로 무산되었던 경우도 참 많았습니다. 사실 한반도는 땅이 오래된 곳이라 중국이나 일본과 달리 자원도 풍부하지 않고 물류 이동도 힘들어 상업경제가 발달하지 못했습니다. 그래서 이 땅의 지배자들은 의식주를 노비 노동에 의지하여 영위해 왔던 거 같습니다.

우리 역사에서 노비제도가 처음 고증되는 사료는 고조선의 팔조금법八條禁法입니다. 물건을 도둑질한 자를 노비로 삼는다고 규정되어 있습니다. 이것은 자신의 대代에서만 한정되는 것이지, 그 자손까지 노비로 얽매는 제도는 아니었습니다. 그러다가 고려시대 와서 태조 왕건이 세전世傳, 대대로 물려감 노비제도를 인정한다는 조치를 발표합니다. 공신들을 회유하기 위한 당근책이었다고 하니, 세전 노비제도는 고려시대 이전 통일 신라 시대에도 존재

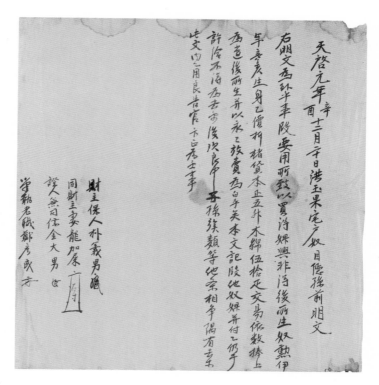

天啓元年辛酉十二月二十日洪玉果宅奴目德孫前明文

右明文爲臥半事段要用所致以買得婢興非得後而生奴勲伊
年甲亥生身乙價折楮貨木正五外木綿伍拾疋交易依數捧上
爲遣後所生并以永永放賣爲白乎矣本文記段他奴婢并付乙仍于
許給不得爲去乎後次良中子孫族類等他餘相爭隔有去等
此文內告用良告官卞正爲臥乎事

財主保人朴義男（手決）
同財主妻金加屎（手寸）
證人無司僕金大男（手決）
學報奴職鄭彦成（手決）

노비 매매문서

1621년천계원년 12월 20일에 박의남이라는 자가 긴요한 용처 때문에 돈을 주고 산 여자
종 흥비 소생의 훈이를 저화楮貨 값 본정 5승과 목면 50필을 주고, 옥과의 수령을 지낸
홍洪옥과 댁에 방매한다는 내용이다. 특이한 점은 사내종 훈이의 전前주인 박의남이 평
민이라는 점이다. 이런 사실은 그의 처 용가시龍加屎가 양반 여성인 씨성氏姓을 자칭하지
도 않고, 또 천민들이나 주로 하던 수촌手寸으로 서명을 대신하고 있기 때문이다. 평민
들도 노비를 소유하고 있다는 것을 알려주는 중요한 사료이다. 국립민속박물관 소장본

했었던 듯합니다. 고려시대의 세전 노비법은 천자수모법賤者隨母法 •과 일천즉천법一賤則賤法••으로 양분됩니다. 당시엔 강상綱常의 문제로 양인과 천인의 혼인인 양천교혼良賤交婚을 금지했습니다. 그래서, 애매하게(?) 태어난 노비 자식은 천자수모법賤者隨母法에 따라 비婢•••의 소유주에게 귀속시켰습니다. 고려 후기 12세기부터 농장 제도가 유행하자, 노동력이 절실히 필요했던 노비 소유주들은 노비와 양인 간의 결혼을 장려하게 됩니다. 이때부터 고려에서는 사노비들이 급증하게 되었지요.

원나라의 간섭을 받던 충렬왕 시절 있었던 일입니다. 다루가치였던 기와르기스闊里吉思는 고려의 노비제도를 못마땅하게 여겨 이를 혁파하려 했습니다. 그러나, 고려의 권문세족들이 강렬하게 반대하는 바람에 물거품이 되었지요. 사유재산을 아무런 댓가 없이 빼앗아가려고 했으니 어떻게든 버텼을 겁니다. 원나라의 지배를 받고 있던 고려 지배층이 원나라의 정책을 결사적으로 반대한 몇 안 되는 사건이었습니다. 노비를 수족으로 부리려던 이 땅의 지배층 욕망은 대원제국도 어찌할 수 없었나 봅니다.

조선시대 들어와서 노비들의 삶은 더욱 구체화 됩니다. 그 삶을 추적할 수 있는 사료가 많아졌기 때문입니다. 당시 사노비들은 외출할 때마다 주인의 서간書簡을 얻어 허락을 구해야 할 정도로 생활이 열악하기도 했습니다. 이런 사실은 《조선왕조실록》에서도 확인됩니다.

"민발이 어렸을 때에 그 집의 종이 밖에 나들이하느라고 포망捕亡"••••

을 써 주기를 청하였는데, 민발이 쓰지 못하므로 속여서 말하기를,
'오늘은 기일忌日이니, 포망을 쓸 수 없다.' 하였습니다."

《예종실록》 7권, 예종 1년 8월 16일 정묘 4번째기사

　이동의 자유조차 박탈된 사노비들과 비교해서 관노비의 처지
는 그나마 나았습니다. 관에 예속된 몸이라 가족들이 주인들의
매매로 뿔뿔이 흩어지지 않아도 되었기 때문입니다. 매년 정해진
신공身貢만 자신이 소속된 관청에 납부하면 되었으니, 일반적인
생활은 평민과 다를 바가 없었습니다. 하지만, 관노비라고 해도
이름에 노奴자가 새겨진 삶을 달가워하진 않았습니다. 속량贖良을
통해 자유의 신분을 얻으려고 꾸준히 노력했던 것입니다. 최초
로 속량 제도가 실시된 때는 세조 임금 시절입니다. 1467년 7월,
이시애의 반란이 일어나자 군수물자를 조달하기 위해 쌀을 바친
자에게는 양인이 되는 것을 허락한 것이죠.

　임금이 함길도咸吉道의 군수물자가 넉넉치 못할까 염려하여 호조戶曹
에 명하여 사람을 모집募集하여 가져와 바치게 하였는데, 조사朝士·
군사軍士·한량인閑良人으로 관미官米 7석石을 함흥 이북에 수송한 자
는 한 자급資級을 더하고 공천公賤·사천私賤으로서 사미私米 50석을
바친 자는 종량從良, 양인이 되게 함하게 하였다. 이때 그 모집에 응하는 자
가 심히 많았는데, 공천·사천이 더욱 많았다.

《세조실록》 43권, 세조 13년 7월 4일 정묘 1번째 기사

    최하층 신분인 공·사천을 막론하고 쌀 50석을 바친 자는 무조
건 종량從良, 양인으로 풀어줌시킨다는 조정의 명령이 내려오니, 이에
응하는 자가 심히 많았다고 합니다. 재산이 넉넉한 자로서 먹고
사는 일이 해결된다면 다음으로 열망한 것이 신분 상승의 욕구
였던 셈입니다. 이와 관련된 일화가 또 있습니다. 성종 임금 시절
사노비 임복이라는 자는 무려 2천 석의 곡식을 납속納粟*하고서,
자유인이 되려고 했습니다.

곡식을 나라에 바치는
것을 납속이라고 했다.
그 보상으로 자유의 신
분을 얻기도 했는데,
이를 납속면천(納粟免
賤)이라고 한다.

임금이 하교하기를,

"진천鎭川에 사는 사노私奴 임복林福이 이제 백성을 구제하기 위하여 곡
식 2천 석石을 바쳤으니, 그 마음이 가상嘉尙하다. 이제 기근飢饉을 당
하여 지식이 있는 사람도 (곡식을) 바치려 들지 않는데, 천한 종의 몸
으로 이를 하였으니, 면천免賤하는 것으로 상을 줌이 어떠하겠는가?"

하니, 승지承旨 등이 아뢰기를,

"이 사람은 본래 면천免賤하여 양민良民이 되려고 한 것입니다. 비록 국
가에는 공이 있더라도 그 주인으로서 본다면 횡역橫逆한 종이 되며,
또 종량從良은 중대한 일이니 쉽게 그 단서端緖를 열어서는 안 됩니다"

하였다.

《성종실록》 181권, 성종 16년 7월 24일 임신 1번째 기사

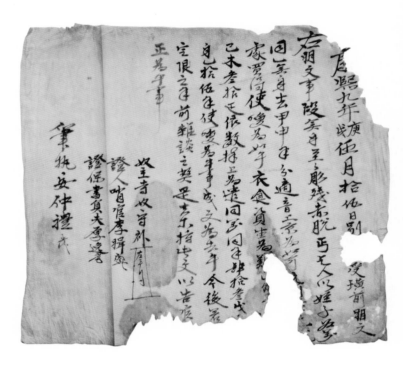

강희 8년 작성된 명문

제주에 사는 유향별감 강수황과 관노인 수복과의 계약거래를 기록한 것이다.

제주 유향별감 강수황 문중 소장본, 한국학 중앙연구원 촬영본

노비가 노비를 임대하던 문서를 찾아내다

노비의 삶은 정사인《조선왕조실록》에서만 발견되는 것은 아닙니다. 때대로 사문서에 의해서도 밝혀집니다. 이런 사실을 알려주는 좋은 고문서 하나가 있어서 소개해보려 합니다.

한때 우리 역사에서는 노비라는 존재는 사람이긴 하지만, 매매가 가능한 재산이었습니다. 보통 노비는 양반님들의 소유물로 인식되어 있는데요, 노비가 노비의 주인이 되기도 했으며 타인에게 임대 역시 가능했던 것 같습니다. 사진에 보이는 고문서는 노비가 노비를 임대한 흔치 않은 고문서입니다. 문서의 오른편 맨 마지막에 보면 '명문'이라는 글자가 보입니다. 이 문서는 개인들끼리 어떤 사안에 대해 합의하고 권리·의무를 약속한 문서로, 조선시대에는 이런 형식의 합의서를 '명문明文'이라고 불렀습니다.

때는 강희 8년^{현종 11년} 5월 15일. 관청 노비 수복이는 늙고 병들어 돌아다니다가 길에서 구걸하는 신세가 되어 버렸습니다. 당시 조선에는 '경신대기근'이라는 엄청난 재난이 시작되던 참이었습니다. 모든 것이 황폐지고, 먹을 것은 없어서 사람이 사람을 잡아먹는다는 소문까지 돌던 때였습니다. 대기근을 만나 거지가 된 관노 수복이는 어쩔 수 없이, 자기 조카인 만동이^{당시 43세}를 제주도 유향별감留鄕別監 강수황이라는 양반에게 머슴으로 팔기로 합니다. 수복이는 갑신년에 서울로 올라갔다가, 어느 양반가에서 사노비로 부림을 당하던 조카 만동이를 만나고서 주인에게 값을 치른 후, 만동이를 데려왔습니다. 그리고 본인이 만동의 주인이 되어, 그를 부리고 있었던 것이죠. 비록, 삼촌이지만 속량시키지 않고 조카를 노비로 부리던 일이 당시엔 있었나 봅니다. 하지만, 뜻하지 않게 대기근을 만나 생계가 막막해지자 삼촌은 조카를 머슴으로 팔기로 마음을 먹습니다.

하지만 수복이도 사람이었나 봅니다. 차마 친조카인 만동이를 팔 수는 없고, 머슴으로 15년간 장기간 임대 계약하기로 합니다. 임대료는 정목무명 30필로 현재 가로 약 100만 원. 나이도 중년이고, 게다가 자식을 낳을 수 없는 남자 노비라 저렴(?)한 가격에 넘긴 것으로 보입니다. 양반 강수황은 이 거래를 다시 한 번 꼼꼼히 살펴보고는 수복이 네놈이 기한 내에 딴 소리를 하면 곧바로 관가에 달려가 바로 잡을 것이라고 다짐까지 받아 놓았습니다. 제주목 군관인 초관 이집과 서원관청에서 세금을 걷던 향리 부후일이 거래를 증명하는 증인이 되었습니다. 그리고 붓을 집어 수복이의 왼쪽 가운데 손가락을 종이에 올려놓고는 붓으로 손마디를 이리저리 긋고 찍어 대며 지장으로 서명을 대신하고는 만동이의 임대 계약을 마무리 짓습니다. 수복이는 조카를 팔아버린 죄책감도 있지만, 흉년을 맞아 만동이와 함께 죽기보단 조카가 부잣집 머슴으로 들어가 보리죽이라도 얻어먹으며 목숨을 연명하는 게 더 낫다고 생각했을지도 모릅니다.

양반인 강수황 입장에서도 이런 때에 머슴을 들여놓아 입을 늘리는 게 탐탁하지 않을 겁니다. 하지만, 사람 하나 살리는 셈 치고 기꺼이 무명 30필에 만동이를 거두었으리라 봅니다. 경신 대기근을 만난 1670년 5월에 있었던 이 거래는 수복이와 강수황 그리고 만동이까지 모두에게 이익이 되는 거래였을지도 모르겠

습니다.

강희9년 경술 6월 15일 별감 강수황 앞 명문. 오른쪽 기재된 계약서
의 일은 이 몸은 메마르고 쇠약해진 벌거벗은 거지로서 조카 만동을
이 몸이 지난 갑신년에 마침 서울로 올라가다가*****(찢어진 부분) 모
처에서 만동이를 사와서 부렸사온데, 입고 먹고 사는 게 어려운 탓으
로*****(찢어진 부분) 정목 삼십 필을 받아들인 걸로 하고, 만동이 (43살,
무진생)를 15년 동안 부리려 하는 일을 문서로 만들려 하오니 금후에
만약 정한 기일에 잡담의 폐단이 있으시거든 이 문건을 가져가 관에
고하여 바로잡도록 할 일입니다.
만동이 주인, 시노 寺奴:관노비 수복이 (좌수촌)
증인 초관 이집 (서명)
증인 보증인 서원 부후일 (서명)
필집 안중례 (서명)

김홍도의 풍속도 〈노상송사 路上訟事〉
고을 수령에게 청원請願을 요구하는 천민의 모습을 담고 있다.
조선 후기에 민권民權이 성장하면서, 노비를 비롯한 천민들도 자신들의 목소리를
내기 시작했다. **국립민속박물관 소장본**

만동이 일화처럼, 이리저리 팔려 다니던 노비의 열악한 삶도 차츰 빛을 보기 시작합니다. 지도층의 인식 변화가 시작되었기 때문입니다. 그 중심에는 정조 임금이 있었습니다. 1778년 정조 임금은 사적으로 노비를 추쇄하는 일을 혁파했습니다. 오롯이 지방 수령에게만 추노推奴의 일을 맡겼습니다. 또, 자신의 의견에 동조하는 측근 윤행임을 비롯한 몇몇 신하들과 함께 노비 해방에 대해 은밀히 의논하기 시작합니다. 노비에 대한 정조의 생각은 《홍재전서弘齋全書》에 실린 내용을 통해서도 알 수 있습니다.

"나는 일찍이 세상의 억울함이 노비보다 절실한 것은 없다고 여겼다. 기자箕子의 성스러운 교조敎條는 일시一時의 악을 징계한다는 뜻으로부터 나온 것에 불과할 텐데, 역대로 물려가면서 변통하지 않아, (노비들은) 대대로 남의 천대와 멸시를 받고 있다.

숫자와 나이를 계산하여 사고파니 이는 곧 짐승과 똑같고, 자식과 손자로 전해가며 나누어 갈라지는 것은 토지와 다를 바가 없다. 어미를 우선하는 것이 오랑캐와 비슷하고, 아비 성을 따르지 않아 노奴자를 성姓으로 삼는다.

혼인은 막혀 있고, 이웃들도 함께하려 하지 않으니, 높은 하늘과 두터운 땅 사이에 갈 곳 없는 자와 같도다. 하늘이 사람이 내면서, 어찌 이렇게 할 이유가 있을 것인가? 이들에 대한 나의 애달픔과 불쌍한 마음은 끝이 없을 따름이다."

노비제 폐지를 추진한 정조의 노력은 그의 사후에 이루어집니다. 순조 1년인 1801년, 도승지 윤행임이 정순왕후의 재가를 얻어, 공노비 해방으로 실행된 것이죠. 미국의 노비 해방보다 62년이나 빠른 행보였습니다. 이러한 역사의 진보는 별다른 게 아닙니다. 인간 철학의 성숙이 있었기 때문입니다. 정조는 '백성은 모두 같은 동포요, 국가라는 한집안 식구'라는 말로 노비제도의 불합리성을 설파하기도 했습니다.

정조가 인용한 이 말은 다름 아니라, 송대의 유학자인 장횡거張橫渠라는 사람이 한 말입니다. 즉, 이 세상의 인간은 동등한 존재라는 유학의 가르침을 성실히 실천한 셈이죠. 이런 면에서 정조 이산을 조선의 마지막 유학 군주요, 철인 군주라고 해도 지나치지 않을 것입니다.

재미있는! 역사상식

보통, 우리나라 노비세습의 역사를 기자조선에서 찾고 있다. 그런데 조선 후기 사학자인 순암 안정복安鼎福, 1712~1791은 이와 다른 이야기를 꺼낸다. 안정복은 노비제도가 기자조선에서부터 유래되었다고는 하지만, 단지 자기 자신에게 한정되었을 것이고 세습의 형식은 신라 시대부터 시작되었다고 언급한다. 《당서唐書》에 이르길 "신라 재상이 소유한 노비가 삼천 명이나 된다"고 부언하면서, 가난한 자들이 의지할 때가 없자 스스로 몸을 팔고 자손까지 우러러 부림을 받기를 원했다고 말한다. 또, 고려시대 때 포로로 노획한 사람들을 공신에게 나누어주는 동시에, 각 관사에 노비로 사용하도록 했다고 하니, 여기서 사노비와 공노비의 명칭이 나온 것이라고 설명했다.

참
고
문
헌

5장   조동윤,《선면시고》
      이완용,《천자문》
      남금자,《대한제국기 충추 풍양 조씨 세도가 가계와 경제기반》

6장   해주 오씨 오태주 가문 고문서 해제
      해창위 오태주 간찰
      《승정원일기》

7장   담정 김려,《감담일기》
      진주부 진주류씨 호적단자
      울진현 이수종 가문 고문서 일괄

8장   서지영,〈상실과 부재의 시공간: 1930년대 요리점과 기생〉,《정신문화연구》32호,
      한국학중앙연구원, 2009
      주영하,〈조선요리옥의 탄생 : 안순환과 명월관〉,《동양학》50, 동양학연구소, 2011
      성해웅,《연경재 전집》
      김창협,《노가재 연행일기》

9장   정용수,《동상기》, 지만지, 2008
      이선옥,《사군자: 매란국죽으로 피어난 선비의 마음》, 돌베개, 2011
      이선옥,〈중국 매보와 조선시대 매화보〉,《미술사학보》제24호, 2005
      노대환,〈18세기 동아시아의 백과전서 고금도서집성〉

10장 이규리,〈邑誌로 본 朝鮮時代 官妓運用의 實狀〉
      안대회,〈조선의 비주류 인생〉 시리즈,《한겨레21》

14장 서지영,〈상실과 부재의 시공간: 1930년대 요리점과 기생〉
      주영하,〈조선 요리옥의 탄생: 안순환과 명월관〉
      성해웅,《연경재 전집》

김창협,《노가재 연행일기》
김학민,〈조선의 서민 전용 술집 색주가〉,《한겨레 21》

15장 김현영,〈조선 시기 先代 파악 방식의 족보 반영 양상 – 해주 오씨 族圖를 중심으로〉
국립민속박물관《안동 권씨 족도》
윤증,《명재연보》

16장 한태문,〈18世紀 通信使의 日本見聞記《奉使日本時聞見録》研究〉
조명채,《봉사일본시문견록》
신유한,《해유록》

18장 이상은,〈퇴계 선생 성학십도 역해〉
퇴계 이황,〈도산십이곡〉
이유원,《임하필기》

20장 《조선왕조실록》
《홍재전서弘齋全書》
이유원,《임하필기》
전경목,《유서필지》, 사계절 출판사, 2006

이미지 자료 출처 표기
한국학중앙연구원 http://www.aks.ac.kr
국립중앙박물관 http://www.museum.go.kr
국립민속박물관 https://www.nfm.go.kr
국립제주박물관 http://jeju.museum.go.kr
국립한글박물관 https://www.hangeul.go.kr
가회민화박물관 http://www.gahoemuseum.org